Das kleine Handbuch der Rhetorik 2100

Vorträge trainieren

Ich will endlich erfolgreich präsentieren

Horst Hanisch

© Zweite Auflage: 2019 by Horst Hanisch, Bonn

© Erste Auflage: 2017 by Horst Hanisch, Bonn

Bibliografische Information der Deutschen Nationalbibliothek: Die Deutsche Nationalbibliothek verzeichnet diese Publikation in der Deutschen Nationalbibliografie; detaillierte bibliografische Daten sind im Internet über dnb.dnb.de abrufbar.

Der Text dieses Buches entspricht der neuen deutschen Rechtschreibung.

Aus Gründen der einfacheren Lesbarkeit wird auf das geschlechtsneutrale Differenzieren, zum Beispiel Mitarbeiter/Mitarbeiterin weitestgehend verzichtet. Entsprechende Begriffe gelten im Sinne der Gleichbehandlung für alle Geschlechter.

Idee und Entwurf: Horst Hanisch, Bonn

Lektorat: Alfred Hanisch, Bonn; Annelie Möskes, Bornheim

Buchsatz: Guido Lokietek, Aachen; Horst Hanisch, Bonn

Umschlag: Christian Spatz, engine-productions, Köln; Horst Hanisch, Bonn

Zeichnungen: Horst Hanisch, Bonn

Herstellung und Verlag: BOD – Books on Demand GmbH, Norderstedt

ISBN: 978-3-7448-3948-8

Das kleine Handbuch der Rhetorik 2100

Vorträge trainieren

Ich will endlich erfolgreich präsentieren

Inhaltsverzeichnis

Einleitung

„Ich will endlich erfolgreich präsentieren"

Sie haben sich dazu durchgerungen, Ihre Präsentationen, Reden und Vorträge professionell ‚rüberzubringen'.

Um Ihr fachliches Wissen müssen Sie sich keine Gedanken machen. Hierbei fühlen Sie sich als Spezialist. Sie wissen, was Sie vermitteln wollen. Sie haben auch trainiert, Ihre unterstützende Körpersprache und Ihre Ausdrucksweise gezielt einzusetzen. Vieles setzen Sie ‚aus dem Bauch raus' richtig um.

Sie spüren allerdings, dass es noch Kleinigkeiten gibt, die Sie verbessern können. Und vor allem wollen Sie so trainieren, dass Sie sich selbst beobachten können und im Idealfall ein Feedback von einem neutralen Trainings-Zuhörer erhalten.

So haben Sie sich vorgenommen, alle möglichen Varianten der Rede-, Vortrags- und Präsentationsmöglichkeiten ausgiebig zu trainieren, um Ihren thematischen Inhalt bildhaft, greifbar und nachvollziehbar darzustellen.

Lernen Sie, Jubiläumsreden, Motivationsreden, Sachvorträge und andere zu trainieren.

Ihre Zuhörer sollen nicht nur sagen: „Das war gut" oder „Das war sehr gut", sondern „Das war hervorragend" oder „Das war echt klasse!"

Packen Sie das Training an!

Praxisnah, zeitgemäß und kompakt. Das sind drei interne Vorgaben für unsere Rhetorik-Ratgeber.

In unserer Reihe der kleinen Rhetorik-Handbücher wird jeweils ein wesentlicher Teil aus dem umfangreichen Bereich der Rhetorik kompakt vorgestellt.

Die Themenbereiche sind beispielsweise den Büchern ‚Das große Buch der Rhetorik [2100]' oder ‚Trickreiche Rhetorik [2100]' vom selben Autor entnommen. Die Zahl 2100 steht dabei für das 21. Jahrhundert, was die Aktualität der Themen unterstreicht. Diese entsprechen den heutigen Anforderungen im beruflichen Umgang miteinander.

Im vorliegenden Ratgeber „Rhetorik – Vorträge trainieren"
wird schwerpunktmäßig auf folgende Themen eingegangen:

- Varianten des Redetrainings
- Vortrag-und Präsentationsübungen
- Präzise erklären und Stegreiftraining

Viel Erfolg bei der Vertiefung bestehenden Wissens und er-
folgreichen Einsatz im Berufsleben.

Teil 1 – Varianten des Redetrainings

Der Laie wird Profi

Selbstbeobachtung, Training und Feedback bringen den Erfolg

Na, dann tun Sie sich keinen Zwang an und legen Sie los. Oder ist das doch ein Zwang für Sie? Nein, das soll es nicht sein, denn Sie haben sich ja bewusst das eindeutige Ziel gesteckt, erfolgreich präsentieren zu wollen.

So soll es sein. Am leichtesten werden Ihnen die Übungen gelingen, wenn Sie sich über die verbale und nonverbale Kommunikation bereits ein Basis-Wissen geschaffen haben.

Das bedeutet, dass Sie wissen, wie und welche Wörter zu sinnvollen Sätzen geformt werden, und wie Ihre Körpersprache unterstreichend und lebhaft einzusetzen ist.

Die Grundsteine sind gelegt, sodass Sie Ihr theoretisches Wissen für den tatsächlichen Einsatz verwenden können.

Wie lassen sich Reden, Vorträge und Präsentationen trainieren? Am besten natürlich in der Praxis – vor Publikum. Aber wer hat zu Hause schon 10, 50, 100 oder sogar 500 Zuhörer sitzen?

„Die Praxis macht den Meister!" Um möglichst keine allzu großen Fehler zu begehen oder um Pannen zu umschiffen heißt es „Übung macht den Meister!"

Abgucken bei den Profis

Ein Spitzensportler trainiert täglich, um seine Erfolge zu erzielen. Wer eine Fremdsprache erlernen will, beschäftigt sich wöchentlich einige Stunden mit der Grammatik, der Aussprache und dem Wortschatz. Wer sich gesund halten will, pflegt nicht nur täglich seine Zähne, sondern achtet auf eine gesunde Ernährung und eine abwechslungsreiche Lebensweise.

Ein ständiges Training über Wochen, Monate, vielleicht sogar Jahre, ist notwendig.

Reden kann jeder! Tatsächlich?

So mag es verwundern, weshalb nicht jeder täglich daran arbeitet, seine Kommunikation zu verbessern und zu vervollkommnen.

Es mag sein, dass sich die allermeisten Menschen verbal austauschen können. Wer erinnert sich schon an das monatelange Erlernen der Muttersprache? Das geschah auch nicht von heute auf morgen und benötigte ein ständiges Korrigieren der kleinen Fehler, die immer wieder auftauchten. Schließlich war es so weit, dass geredet wurde, „wie der Schnabel gewachsen ist". Schön so. Schön für den privaten Bereich und für Zu Hause.

Diese Art zu reden langt hingegen bei Weitem nicht für den beruflichen, für den professionellen Einsatz.

Hier kommt es auf jedes einzelne Wort an und auf das, was „zwischen den Zeilen" gelesen werden kann, auf die Betonung, die Stimme, die eingesetzte Körpersprache und so weiter.

Gebraucht und erwartet werden in der Regel Struktur, ein roter Faden, eine nachvollziehbare Dramaturgie, greifbare Argumente und logische Schlussfolgerungen.

Die emotionale Seite darf nicht zu kurz kommen, denn es sollen <u>Menschen</u>, Zuhörer überzeugt werden. Das gilt für Reden, Vorträge, Präsentationen, Verkaufsgespräche und viele weitere mehr.

Diese Fähigkeiten sind nicht angeboren – sie müssen erlernt werden. Anlesen allein ist ein großer erster Schritt, die praktische Umsetzung ein größerer.

Mentale Kraft nutzen

Sie, liebe Leserin, lieber Leser, haben sich entschieden, Ihre Rede- und Vortragsfähigkeiten zu vertiefen. Glücklicherweise gibt es mehrere Varianten hierzu, die weiter unten beschrieben werden.

Die erste Variante dürfte die einfachste sein, kann sie doch allein und gedanklich umgesetzt werden. An fast jedem Ort und fast zu jeder Zeit. Wartezeiten an Haltestellen oder im Wartezimmer können leicht und sinnvoll genutzt werden. Sie trainieren, ohne dass es ein anderer mitbekommen muss. Sie können Ihr Training beliebig wiederholen und variieren. Damit sensibilisieren Sie ihr Gedächtnis intensiv und so weit, dass es das gedanklich Trainierte später beliebig abrufen kann. Für das Gedächtnis ist es so, als hätte es das mental Geübte bereits praktisch erlebt. So ganz nebenbei wird Stress minimiert, da das Gehirn glaubt, lediglich Erlebtes zu wiederholen.

Jede Situation ist anders

Trotzdem bleibt es nicht aus, dass jede Situation eine andere ist. Der Zuhörer ist ein anderer, das Thema wurde aktualisiert, der Veranstaltungsort ist unbekannt.

So ist nach wie vor Aufmerksamkeit und Konzentration gefordert, um nicht ungewollt in peinliche Situationen zu geraten.

Sich selbst beobachten

Da Sie sich selbst in Ihrem Training nicht optimal beobachten können, kommen hier die Übungen vor dem Spiegel und der Kamera (Varianten zwei und fünf) als Optionen.

Suchen Sie sich für die Spiegel-Variante einen Ganzkörper-Spiegel aus, damit Sie sich von Kopf bis Fuß betrachten können.

Eine kleine Herausforderung ergibt sich bei der Arbeit vor dem Spiegel. Ihre rechte Körperhälfte blickt Ihnen aus dem Spiegelbild als linke entgegen.

Bei der Arbeit mit einer Kamera sehen Sie sich später in der Aufzeichnung so, wie der Zuschauer Sie wahrnimmt.

Am besten beachten Sie die aufnehmende Kamera überhaupt nicht. Also keinen Blickkontakt direkt mit dem Kameraobjektiv aufnehmen.

Sie würden sonst Ihre Darstellung ausschließlich in diese Richtung konzentrieren. Ihre Rede wäre möglicherweise verkrampft.

Ehrliches Feedback

Bei der dritten Variante üben Sie vor einer Freundin oder einem Freund. Bitten Sie sie beziehungsweise ihn, nach Ihrer Darstellung eine ehrliche Rückmeldung zu geben. Seien Sie nicht verärgert, wenn Sie eine Rückmeldung erhalten, die in Ihren Ohren weniger wohlwollend klingt.

Wichtiger ist es zu erfahren, was Ihr Gegenüber aus seiner Sicht wirklich wahrnimmt. Wäre schon alles perfekt, gäbe es keinen Bedarf des Trainings. Und wer ist schon perfekt?

Etwas weiter unten wird auf das Thema Feedback noch konkreter eingegangen.

Hören Sie sich zu

Bei der vierten Variante nehmen Sie das Gesprochene auf.

Konzentrieren Sie sich beim Abhören auf die Art und Weise wie Sie sprechen.

Reden Sie laut, deutlich und klar? Ist Ihr Satzstil so, wie Sie es wünschen? Gelingt es Ihnen, Fülllaute wie „ähm" zu vermeiden?

Diese Variante hört sich einfach an.

Bei kritischer Aufmerksamkeit können Sie schnell und viel Verbesserung erzielen.

Das Publikum hört zu

Variante 6: Nun ist die Herausforderung vor ‚echtem' Testpublikum zu bewältigen.

Sie haben nicht mehr nur eine Freundin oder einen Freund vor sich, sondern mehrere Personen. Diese stellen in fünf Schwierigkeitsstufen realistische Situationen her.

Lassen Sie uns nun die sechs Varianten übersichtlich darstellen.

Selbstbeobachtung

Betrachten Sie sich in einem Ganzkörperspiegel.

Wie stehen Sie?

- aufrecht
- gebeugt
- seitlich
- frontal
- Schultern hängend
- u. a. …

Wie ist Ihre Bein- und Armhaltung?

- fest auf beiden Beinen
- mit Spiel- und Standbein
- Fußspitzen nach außen
- u. a. …

Wie wirkt Ihre Mimik?

- lächelnd
- starr
- Augen gerade aus
- Augen nach unten
- u. a. …

Wenn Sie sich so betrachten – würden Sie gerne etwas mit sich selbst zu tun haben? Wirken Sie vertrauensvoll? Würden Sie (sich) etwas abkaufen?

Hand- und Armhaltung – Gürtellinie

Wohin mit den Händen? Ja nicht blockierend vor der Brust verschränken.

Ganz generell gibt es den Tipp, wie die Hände in Bezug auf die Gürtellinie zu halten sind.

Die Hände unterhalb der Gürtellinie gelten in der Regel als: schwach, passiv, zuhörend, aber auch abweisend und blockierend.

Oberhalb der Gürtellinie heißt in der Regel: aktiv, bewegt, positiv, unterstreichend, aber auch dominierend.

Standbein und Spielbein

Die folgenden Überlegungen basieren auf dem 2-Hemisphären-Modell nach dem Dänen Mogens Kirckhoff (*1944).

Nach diesem Denkmodell arbeiten die beiden Hemisphären verschieden (cerebrale Asymmetrie). Bei den Rechtshändern (ca. 90 bis 95 Prozent aller Menschen) ist

- die linke Hemisphäre der Bereich der analytischen Informationsverarbeitung, die sich speziell beim logischen Denken hervorhebt.

- Die rechte Hemisphäre hingegen beeinflusst Gefühle, Kreativität und räumliches Denken.

Betrachten wir einen Menschen von vorn und stellen uns ein Kreuz vor seinem Körper vor.

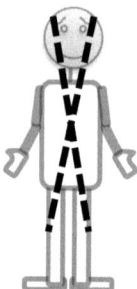

Die linke Hirnhälfte beeinflusst die Bewegung im rechten Bein, die rechte Hirnhälfte die Bewegung im linken Bein.

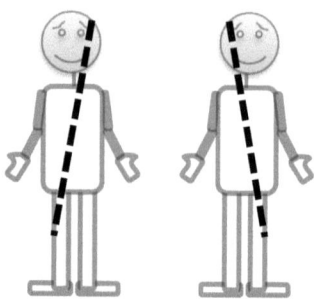

Steht ein Redner fest auf seinem rechten Bein bedeutet das in diesem Zusammenhang, dass seine Gedanken in seiner linken Hirnhälfte ‚fest' sind.

Gemeint ist damit, dass Sie unflexibler sind und es Ihnen schwerer fällt, vernünftige Gedankenverbindungen zu benutzen.

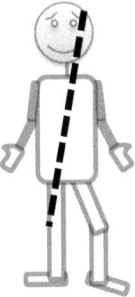

‚Spielt' der Redner mit seinem rechten Bein – das Körpergewicht ist also nicht voll auf dieses Bein verlagert –, dann spielt seine linke Gehirnhälfte.

Die Gedanken fließen frei und ungehindert. Er kann besser denken.

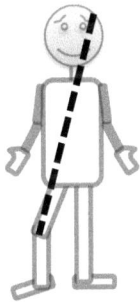

Wechselt der Redner, indem er mal sein linkes, dann sein rechtes Bein als Standbein einsetzt, kommen beide Beine abwechselnd als Spielbein zum Einsatz.

Die Präsentation wird abwechslungsreicher, da sie die Unterstützung beider Hirnhälften ausnutzt.

Spielbein gezielt einsetzen

Die linke Hirnhälfte – und damit das rechte Spielbein – kann gut Zahlenmaterial und logische Zusammenhänge bearbeiten.

Möchten Sie hingegen Emotionen erzeugen, ‚Bilder' malen, Kreatives und Vorstellbares vorstellen, benötigen Sie dazu verstärkt Ihre rechte Gehirnhälfte. Das heißt, dass Sie dann Ihr linkes Bein als Spielbein einsetzen.

Es liegt in Ihrer Macht, Ihre Vortragsweise mithilfe dieses Wissens zu verstärken.

Am besten testen Sie es einmal aus. Wählen Sie bewusst ein fachliches, logisches, zahlenlastiges Thema, das Sie einem imaginären Zuhörer vermitteln wollen.

Setzen Sie dabei einmal als Spielbein Ihr linkes, dann Ihr rechtes Bein ein. Spüren Sie einen Unterschied?

Dann gehen Sie in die zweite Runde dieses Tests. Nehmen Sie nun bewusst ein kreatives Thema, das eine fiktive Situation beschreibt.

Nun setzen Sie als Spielbein auch wieder erst das eine, dann das andere gezielt ein.

In welcher Konstellation können Sie am besten den Inhalt vermitteln?

Feedback

Lassen Sie sich eine kritische Rückmeldung zu Ihrer Aktion geben.

Feedback bedeutet in diesem Zusammenhang

1. die Beobachtung (Wahrnehmung) ich-bezogen äußern und

2. auf Wunsch ich-bezogen interpretieren.

Feedbackgeber und Feedbacknehmer

Damit Ihnen das Feedback helfen kann, sind bestimmte Spielregeln einzuhalten. Erst einmal: Derjenige, der um Feedback bittet, ist der Feedbacknehmer. Derjenige, der es gibt, ist der Feedbackgeber. Auf das Verhalten des Feedbackgebers haben Sie nur begrenzt Einfluss. Auf das eigene Verhalten schon.

Betrachtung 1: Wenn Ihnen jemand ernsthaft Feedback gibt, sich also auch entsprechend Gedanken macht(e), ist das auf jeden Fall schon einmal als positiv zu betrachten.

Also dürfen Sie dem Feedbackgeber nicht böse sein, wenn er, seine Beobachtungen äußernd, Sie Ihrer Meinung nach mit einer Aussage persönlich trifft.

Reagieren Sie nicht beleidigt! Wenn Sie nur Gutes hören wollen, brauchen Sie kein Feedback. Sie wollen doch <u>wissen</u>, was andere <u>wahrnehmen</u>.

Denken Sie daran: „Es ist nicht richtig, was A (also Sie selbst) sagt, sondern was B (also der Feedbackgeber) versteht." Akzeptieren Sie deshalb jedes Feedback ohne den Feedbackgeber auch ‚nur' verbal anzugreifen.

Betrachtung 2: Die Beobachtungen des Feedbackgebers sind verständlicherweise subjektiv und entsprechen demnach seiner eigenen Wahrnehmung.

Und die muss nicht mit Ihrer Wahrnehmung übereinstimmen. Deshalb gibt es keinen Grund, sich zu rechtfertigen.

Und wenn es noch so schwerfällt: Sie müssen keine Erklärung geben, weshalb Sie so oder so agierten. Das spielt in diesem Moment keine Rolle.

Merken Sie sich, was Ihnen der Feedbackgeber sagt – und bedanken sich für das gegebene Feedback.

Sollte Feedbackgeber B eine gegenläufige Wahrnehmung zu Feedbackgeber C schildern, bedeutet das nicht, dass einer der beiden falsch liegt, sondern dass beide unterschiedliche Wahrnehmungen haben.

Eine wichtige Erkenntnis für Sie, zeigt sie doch, dass dieselbe Nachricht verschieden aufgenommen werden kann. Je mehr Feedback Sie erhalten, desto mehr stellen Sie fest, wie andere Ihr Verhalten sehen (und natürlich auch werten).

Mit der Zeit – nach mehr und mehr Übungen – werden Sie immer sensibler in Ihrer Vorgehensweise. Sie werden merken, wie Ihre Umwelt Sie immer mehr wertschätzen wird, erkennt sie doch, dass Ihnen Ihr eigenes Auftreten wichtig ist.

Regeln für den Feedbackgeber

Richtiges Feedback geben ist nicht so einfach, wie es im ersten Augenblick scheinen mag. Wenn Sie um Feedback gebeten werden, sind dem Feedbacknehmer Ihre Beobachtungen wichtig.

Er erwartet nicht unbedingt Ratschläge. Die würde er gegebenenfalls gesondert einfordern. Er erwartet das Widerspiegeln Ihrer Beobachtungen, Ihrer Wahrnehmungen. Also nicht (!) Ihrer Wertungen. Demnach wird ein ordentliches Feedback Ich-bezogen geäußert, verknüpft mit der eigenen Wahrnehmung:

- „Ich habe ein zielstrebiges Vorgehen gespürt."
- „Für mich waren die Erklärungen gut nachvollziehbar."
- „Ich konnte Sie sehr gut verstehen."

Vermeiden Sie Du-Botschaften („Sie haben …"), da hier eine – teils ungewollte – Beschuldigung erfolgt.

„Sie haben kein Fazit gezogen" sagt Feedbackgeber B. Feedbackgeber C widerspricht: „Doch, hat er." Und was stimmt nun? Wenn Sie sagen „Ich habe kein Fazit gehört", dann ist das aus Ihrer subjektiven Sicht korrekt, weil <u>Sie</u> es nicht gehört haben (unabhängig davon, ob ein Fazit tatsächlich gegeben wurde oder nicht).

Und noch eins: Bleiben Sie konstruktiv, aber ehrlich, in Ihren Rückmeldungen.

Ich-Botschaften im Feedback

- Ich-Botschaften sind reversibel (umkehrbar)
  - „Ich empfinde …"
- Sogenannte Schuldzuweisungen sind nicht-reversibel, wenn zum Beispiel ein Vorgesetzter zum Mitarbeiter sagt:
  - „Das haben Sie schlecht gemacht."

Um möglichst wenig Aggression entstehen zu lassen, soll das Feedback reversibel geäußert werden.

Aber nicht jeder Mensch ist in diese Richtung trainiert. Deshalb gilt: Was immer und wie auch immer sich das Gegenüber im Feedback äußert: Es gilt, was gesagt wird! Sie nehmen nicht weiter Stellung zu den Feedback-Aussagen. Sie beginnen auch nicht, sich zu rechtfertigen oder gar zu verteidigen. Das Feedback wird kommentarlos entgegengenommen.

Es ist eine Sache der Höflichkeit, dass Sie sich mit einem „Danke" für das Feedback bedanken. Auch wenn Ihnen einige Feedback-Passagen (negativ) kritisch erscheinen, sollten und dürfen Sie nicht böse werden. Feedback ist immer wertvoll für Sie, erfahren Sie doch, was andere von Ihrer Art zu präsentieren halten. Durch die Rückmeldungen können Sie weiter an Ihren Präsentationen arbeiten und Ihre Vorgehensweise verbessern.

Je nach Situation kann Feedback auch in schriftlicher Form – zum Beispiel mithilfe eines Bewertungsbogens und/oder von mehreren Personen – gegeben werden. Für Sie ist es hilfreich zu wissen, was die Gesprächsteilnehmer wirklich empfunden haben. Deshalb soll der Feedback-Bogen möglichst anonym ausgefüllt werden können. Feedback ist für die Weiterentwicklung des Präsentierenden wichtig. Und daran denken: Feedback neutral entgegennehmen! Vergessen Sie nicht, dass jeder Zuhörer beziehungsweise Teilnehmer:

- das Recht auf eigene Meinung hat,
- diese eigene Meinung vertreten darf,
- jede Situation aus eigenem Blickwinkel sieht,
- und eigene Bedürfnisse zu befriedigen sucht.

Je höher Sie in der beruflichen Hierarchie aufsteigen, desto schwieriger wird es, ein echtes Feedback zu erhalten.

Trainingsvarianten

Sich sehen, sich hören und sich verbessern

Fangen wir mit den ‚Trockenübungen' an. Nach Stoffsammlung und gedanklicher Vorbereitung können folgende Varianten angegangen werden.

Variante 1: Mentale Präsentation

Alleine

Stellen Sie sich jederzeit, alleine, ohne Unterlagen als Vortragender die Situation vor. Spielen Sie gedanklich Ihre Rede/Präsentation durch.

Dabei fallen Ihnen Schwachstellen auf, die Sie stabilisieren können.

Stellen Sie sich Einwürfe der Zuhörer vor und überlegen, wie Sie darauf reagieren. Immer und immer wieder gehen Sie Ihre Rede/Präsentation gedanklich durch.

Jede Variante können Sie beliebig mental anpassen und damit alle möglichen ‚Spielarten' üben.

Auch und gerade schwierige Teile in Ihrem Vortrag können Sie – herausgelöst von der gesamten Rede – mehrfach wiederholen.

Ziel: Die tatsächlich stattfindende Präsentation fällt Ihnen leichter, da Ihr Gehirn alle möglichen Situationen schon mal ‚erlebt' hat.

Variante 2: Einzeltraining vor dem Spiegel

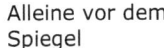

Alleine vor dem
Spiegel

Stellen Sie sich vor einen Ganzkörperspiegel oder vor eine Spiegelwand und präsentieren Ihr Thema.

Dabei nehmen Sie Blickkontakt zu sich selbst auf.

Gleichzeitig können Sie Ihr Erscheinungsbild wahrnehmen und Ihre Körpersprache und Ihren Blickkontakt kritisch überprüfen.

Es mag zunächst schwierig sein, sich zu beobachten und gleichzeitig vorzutragen. Das kann, zumindest anfangs, ablenken.

Je häufiger Sie vor dem Spiegel trainieren, desto sensibler werden Sie in Ihren Beobachtungen.

Zögern Sie nicht, verschiedene Varianten Ihres Auftretens auszuprobieren. Außer Ihnen sieht Sie ja niemand.

Sehr wahrscheinlich werden Sie feststellen, dass bei wiederholter Übung vor dem Spiegel diese Art des Trainings für Sie immer natürlicher wird.

So werden Sie sich nach und nach ungezwungener und ‚echter' verhalten.

Ziel: Sich selbst sehen und Ungereimtheiten verbessern.

Variante 3: Training vor einer anderen Person

Mit einer anderen Person

Einzelpräsentation vor einer bekannten Person, die die Rolle der Zuhörer übernimmt.

Achten Sie auf Begrüßung und Verabschiedung und stellen sich vor, ein (fremdes) Publikum vor sich zu haben. Sagen Sie nicht, <u>wie</u> Sie präsentieren wollen, sondern <u>präsentieren</u> Sie direkt.

Stellen Sie sich eine fremde Person vor, die Ihrem Vortrag lauscht.

Fangen Sie seriös mit Ihrer Präsentation an, indem Sie den Zuhörer korrekt begrüßen.

Ziel: Feedback (Rückmeldung) einer Person in Bezug auf Ihr Verhalten. Aber auch Rückmeldung, ob für Ihren Zuhörer das Gesagte verständlich war.

Variante 4: Auf Tonträger aufnehmen

Alleine mit Mikrofon

Sie sprechen Ihre Präsentation auf einen Tonträger.

Sie werden sich unter Umständen wundern, dass Ihre Stimme ganz anders klingt, als Sie es gewohnt sind. Das ist nachvollziehbar, hören Sie Ihre Stimme sonst mit und durch die kaum feststellbare Vibration ihres Kopfes.

So, wie Sie Ihre Stimme auf dem Tonträger hören, nehmen sie die Zuhörer wahr.

Machen Sie am besten erst einen kurzen Test, damit Ihre Stimme auch wirklich aufgenommen wird. Ist die Stimme zu hören und zu verstehen? Ist die Lautstärke richtig eingestellt? Halten Sie das Mikrofon nicht zu weit beziehungsweise zu nah vor Ihren Mund?

Ziel: Beim späteren Abhören erkennen Sie, ob Ihre Stimme überzeugend, sowohl verständlich als auch laut genug war.

Variante 5: Auf Bildträger aufnehmen

Alleine mit
Kamera

Präsentieren Sie vor laufender Kamera.

Die Kamera steht vertretend für Ihr Publikum da.

Selbstverständlich genügt auch eine Videoaufnahme mit dem Smartphone.

Vermeiden Sie den direkten Blick zu beziehungsweise in die Kamera. Diese soll lediglich aufzeichnen, wie Sie sich körpersprachlich verhalten und festhalten, wie und was Sie sprechen.

Die Aufzeichnungen lügen nicht.

Die imaginär Anwesenden sitzen zu beiden Seiten der Kamera und sollten deshalb auch Blickkontakt von Ihnen erhalten – Ihr Kopf dreht sich mal nach rechts, mal nach links.

Ziel: Beim späteren Abspielen können Sie Ihr Verhalten erkennen und Ihre Stimme überprüfen.

Variante 6: Redetraining vor Testpublikum

Nun haben Sie bereits eine Menge Übungen abgeschlossen. Allerdings immer alleine. Der nächste Schritt ist, vor Testpublikum aktiv zu werden. Dort können Sie verschiedene Übungen durchführen, und zwar jeweils in fünf unterschiedlichen Schwierigkeitsgraden.

Erster Schwierigkeitsgrad: Ihr Publikum sitzt. Sie sitzen auch.

Sie befinden sich auf gleicher Augenhöhe. Das (eigene) Sitzen verschafft Ihnen eine gewisse Sicherheit. Besonders bei ausgeprägter Nervosität sollte es leichter fallen, solange Sie die Sitzgelegenheit als tragende Stütze unter sich fühlen.

Zweiter Schwierigkeitsgrad: Ihr Publikum sitzt. Sie stehen.

Sie haben keine Sitzgelegenheit. Bei diesem Schwierigkeitsgrad wird ein vielfältiger Einsatz der Körpersprache möglich. Da Sie stehen und sich bewegen können, muss das Publikum nun ‚zu Ihnen aufschauen', was Ihnen sofort eine gewisse Stärke verleiht.

Dritter Schwierig-
keitsgrad: Ihr
Publikum steht.
Sie stehen auch.

Nach wie vor stehen Sie unter Einsatz Ihres kompletten
Körpers.

Allerdings steht das Testpublikum nun auch, weshalb es
wieder auf gleicher Augenhöhe mit Ihnen ist.

Gleichzeitig ist es ‚stärker' als in der Übung davor, in der
Sie mobil waren und das Publikum auf dem Sitzplatz ‚ge-
fesselt' war.

Vierter Schwierig-
keitsgrad: Ihr Pub-
likum steht. Sie
sitzen.

Nun wird der Spieß umgedreht. Sie nehmen die schwä-
chere, sitzende Position ein, wohingegen Ihr Publikum vor
Ihnen steht. Sie schauen zu Ihrem Testpublikum auf und
handeln sozusagen aus einer ‚tieferen' Position.

Fünfter Schwierigkeitsgrad: Ihr Publikum steht. Sie stehen ebenso. Ihr Publikum irritiert Sie durch nicht abgesprochene Störungen in Form von Fragen oder Zwischenrufen.

Na, wenn das noch keine Herausforderung darstellt. Hier braucht es eine gute Portion Selbstvertrauen und natürlicher Autorität, um weder die Beherrschung noch den roten Faden zu verlieren.

Der fünfte Schwierigkeitsgrad sollte erst dann trainiert werden, wenn Sie die ersten vier wirklich gut beherrschen.

Selbstverständlich steht es Ihnen frei, weitere Übungen und Varianten umzusetzen.

Wenn Sie die Übung mit konstruktiv Feedback gebenden Freunden umsetzen, können Sie unglaublich viel lernen. Außerdem bereitet es Spaß, wenn Sie sich abwechseln, sodass jeder einmal in die Rolle des Redners kommt.

Durch diesen ‚Perspektivenwechsel' – Sie kommen nun in die Rolle des Zuschauers und geben Feedback – erhalten Sie eine andere Sicht der Präsentation.

Ich wünsche Ihnen viel Vergnügen bei den kurzweiligen und trotzdem zielführenden, gemeinsamen Übungen.

Teil 2 – Vortrags- und Präsentationsübungen

Aktives Training

Training in mehreren Schwierigkeits-Stufen

Sie haben nun einige Varianten kennengelernt, die Ihren Rede- und Vortragsstil verbessern können.

Bekanntlich ist Rede nicht gleich Rede, wie auf den folgenden Seiten zu sehen ist.

Hier gibt es die Jubiläumsrede und die Motivationsrede, den Sachvortrag und das Verkaufsgespräch, die Erzählung und den Bericht und viele weitere mehr.

Bei den meisten Übungen sind zwei oder drei, manchmal auch vier Schwierigkeitsgrade angegeben, um Ihr Training aus- und aufzubauen.

Versuchen Sie nicht alles an einem Tag umzusetzen. Erstens ist das (fast) nicht möglich und zweitens lässt die Aufmerksamkeit nach einer gewissen Zeit deutlich nach.

Nehmen Sie sich die Zeit, die Sie benötigen, in der Sie ungestört und intensiv arbeiten können.

Möglicherweise werden Sie den Eindruck gewinnen, dass die einzelnen Übungen immer anspruchsvoller werden. Das kann gut sein und ist zumindest in der Theorie so gewollt.

Aus vielen Trainings und Coachings hat der Autor den Aufbau der Übungen nach dem empfundenen Schwierigkeitsgrad der Teilnehmer berücksichtigt, sodass es den hier dargestellten Übungs-Auflauf ergab.

Allerdings sind Sie, liebe Leserin, lieber Leser, ein Individuum, weshalb Sie eine von anderen als schwierig bezeichnete Übung eher als leicht empfinden können.

Zögern Sie deshalb nicht, die vorgegebene Reihenfolge Ihren Wünschen entsprechend umzusetzen.

Vom Ablesen bis zur vollwertigen Präsentation

Übungen zu ...

Hier starten wir mit dem Training praktischer Vortrags- und Präsentationsübungen.

... Ablesen

Gleich gibt es die erste Herausforderung bei dieser Ablese-Übung.

Es soll sauber und fehlerfrei abgelesen werden, die notwendigen Sprechpausen bei Satzzeichen wie Gedankenstrich, Komma, Fragezeichen eingefügt sowie die Stimmlage entsprechend eingesetzt werden. Am Satzende bei Fragezeichen hoch und tief bei einem Punkt usw.

Gleichzeitig soll auch Blickkontakt mit dem (virtuellen) Zuhörer aufgenommen werden.

Stellen Sie sich vor, Sie seien ein/e Nachrichtensprecher/in. Nehmen Sie eine Tageszeitung, setzen Sie sich an einen (Schreib-)Tisch und lesen einen Text laut vor.

Setzen Sie sich als Ziel, immer Blickkontakt zu einem (nicht vorhandenen) Zuhörer aufzunehmen.

Achten Sie deutlich auf Satzzeichen und Sprachmelodie. Die richtige Betonung hebt die Bedeutung der Aussage hervor.

Ziel: Ablesen und trotzdem Blickkontakt aufzunehmen. Satzteile dem Sinn nach erfassen, um (trotz Blickkontakt) fließend sprechen zu können.

... Inhaltswiedergabe

Der wesentliche Inhalt des gele-
senen Textes soll wiedergegeben
werden.

Hier wird Unwichtiges weggelassen.

Der Inhalt ist so zusammenge-
fasst, dass der Zuhörer trotzdem
einen Gesamtüberblick über das
Thema erhält.

Beginnen Sie Ihre Übung mit einem ‚leichten' fachlichen Über-
blick und steigern Sie Ihre Übung
anschließend in kompliziertere
Themen.

Inhaltswiedergabe A (2 – 5 Sätze), möglichst wortgetreue
Wiedergabe.

Lesen Sie einen Zeitungsartikel oder einen Bericht aus einem Magazin aufmerksam durch.

Fassen Sie dann den Inhalt – möglichst wortgetreu – in 2
bis maximal 5 Sätzen zusammen.

Ziel: Das Wichtigste aus einem Text kurz, knapp und richtig wiedergeben zu können.

Inhaltswiedergabe B (2 – 5 Sätze), Wiedergabe mit eigenen Worten.

Lesen Sie einen Zeitungsartikel oder einen Bericht aus einem Magazin aufmerksam durch.

Fassen Sie dann den Inhalt – mit eigenen Worten – in 2
bis maximal 5 Sätzen zusammen.

Ziel: Das Wichtigste aus einem Text sinngemäß in kurzem
Umfang wiedergeben zu können.

... Sprechdenken

Begriffe werden wahllos gesucht. Diese sollen dann in
einer Rede alle ‚sinnvoll' ein-
gearbeitet werden. Eine ein-
fache Hintereinanderreihung
der Begriffe entspricht natürlich nicht dem erwarteten
Übungs-Effekt.

Eine kreative Übung, die die
Flexibilität trainiert.

Sprechdenken A (eigene Stichwörter, die immer wieder in
anderem Zusammenhang eingesetzt werden sollen).

Notieren Sie 10 Wörter, die möglichst nicht im Sinn-Zu-
sammenhang stehen.

Denken Sie sich ein Thema aus. Halten Sie einen kurzen
Vortrag, in dem alle 10 Wörter sinnvoll untergebracht
werden.

Sprechdenken B

Nehmen Sie eine Tageszeitung, schlagen Sie diese auf
und tippen mit einem Finger irgendwo auf einen Text.

Notieren Sie das Wort, auf das Ihr Finger zeigt.

Zählen Sie 10 Wörter ab und notieren Sie dann das folgende Wort als zweites; fahren Sie so fort, bis Sie 10
Wörter herausgefunden haben.

Lassen Sie dabei Bindewörter (und, oder ...), Artikel (der,
ein ...), Hilfszeitwörter (ist, kann ...) und persönliche Für-
wörter (er, sie ...) unberücksichtigt.

Halten Sie einen kurzen Vortrag, in dem alle 10 Wörter
sinnvoll untergebracht werden.

Denken Sie daran: ein fremder Zuhörer sollte die einge-
fügten zehn Wörter nicht entlarven können.

Ziel bei Sprechdenken A und B: Flexibilität steigern und
erkennen, dass wahllos gefundene Wörter in einen sinnvollen Zusammenhang gebracht werden können.

Sprechdenken C

Suchen Sie zu jeder Vorgabe ein Wort (Hier immer ein
Beispiel in der Klammer):

Farbe (lila ...), geometrischer Körper (Kugel ...), Zahl (17,4 ...), berühmte historische Persönlichkeit (Jeanne d'Arc ...), exotisches Tier (Koala-Bär ...), weiblicher Vorname (Astrid ...), ausgefallenes Eigenschaftswort (schüchtern ...), Staat dieser Erde (Fidschi ...), ausgefallene Tätigkeit (hupen ...), Lebensmittel (Erdbeerkuchen ...).

Denken Sie sich ein Thema aus. Halten Sie einen kurzen Vortrag, in dem alle 10 Wörter sinnvoll untergebracht werden. Die Reihenfolge der Wörter kann beliebig sein – oder Sie geben sie vor.

Denken Sie sich ein weiteres Thema aus. Halten Sie erneut einen Vortrag, in dem alle 10 Wörter wieder sinnvoll untergebracht sind.

Wiederholen Sie diese Übung mit einem dritten Thema.

Ziel: Flexibilität und Spontaneität steigern. Erkennen, dass mit immer denselben Wörtern ein anderer Vortrag gehalten werden kann.

Sprechdenken D

Suchen Sie sich nach dem Zufallsprinzip 10 sehr ausgefallene Wörter aus und schreiben Sie diese in der Reihenfolge auf, wie sie Ihnen einfallen.

Bitte nicht nur Hauptwörter auswählen.

Und möglichst Wörter, die offensichtlich in keinem direkten Zusammenhang stehen.

Halten Sie dann einen kurzen Vortrag, in dem diese Begriffe in der vorgegebenen Reihenfolge untergebracht werden. Würde ein Fremder den Vortrag hören, sollte er nicht erkennen können, dass diese 10 Wörter zuerst gesucht wurden.

Er sollte annehmen, dass die 10 Ausdrücke sinnvoll untergebracht wurden und im Vortrag sein mussten, um diesem einen Sinn zu geben.

Ziel: Zeigen, dass in kurzer Zeit ein sinnvoller Vortrag mit vorgegebenen Angaben und vorgegebener Struktur individuell umgesetzt werden kann.

... Erzählung/Narration

Etwas Geschehenes, Erlebtes, Übermitteltes wird mit eigenen Worten (in unserem Fall mündlich) wiedergegeben. Ausschmückungen sind erlaubt.

Bildhaftes Beschreiben und abwechslungsreiches Betonen bringt die Erzählung zum Leben.

Erzählung (Märchen) A

Erzählen Sie (einem fiktiven Zuhörer) ein bekanntes Märchen. Vergessen Sie dabei nicht den logischen Aufbau, die Spannung und eine Moral. Die Erzählung soll ca. 5 Minuten dauern.

Ziel: Etwas Übermitteltes spannend darzustellen. Die Moral ist vorhanden, damit der Zuhörer etwas aus der Geschichte lernen kann.

Erzählung (eigene Geschichte) B

Erzählen Sie (einem fiktiven Zuhörer) eine erlebte Geschichte. Vergessen Sie dabei nicht den logischen Aufbau, die Spannung und eine Moral. Die Erzählung soll ca. 5 Minuten dauern.

Ziel: Etwas tatsächlich Erlebtes spannend darzustellen. Die Moral ist vorhanden, damit der Zuhörer etwas aus der Geschichte lernen kann.

Erzählung (eigene Geschichte) C

Erzählen Sie (einem fiktiven Zuhörer) eine fiktive Geschichte. Vergessen Sie dabei nicht den logischen Aufbau, die Spannung und eine Moral. Die Erzählung soll ca. 5 Minuten dauern.

Ziel: Etwas Kreatives oder Erfundenes spannend darzustellen. Die Moral ist vorhanden, damit der Zuhörer etwas aus der Geschichte lernen kann.

... Sachbericht mit und ohne Stellungnahme

Möglichst genaue Darstellung des Sachverhaltes.

In dieser Übung wird ein vorhandener Text nach und nach auf die Kernaussage reduziert.

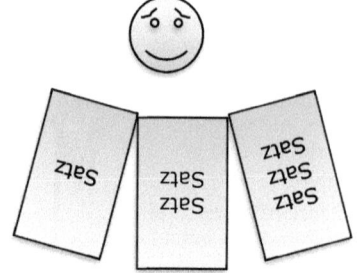

Sachbericht A (Kürzen eines Artikels auf einen Satz).

Nehmen Sie eine Zeitung und lesen Sie einen mindestens eine Seite umfassenden Artikel. Danach kürzen Sie diesen Artikel auf drei Sätze, ohne den Sinn des Inhaltes zu entstellen. Geben Sie diese gekürzte Darstellung als Sachbericht wieder.

Im nächsten Schritt dieser Übung reduzieren Sie Ihren Bericht auf zwei Sätze.

Im dritten Schritt bleibt ein Satz übrig, der den Sinn des Artikels beibehält.

Ziel: Komplexe Zusammenhänge in kurzer komprimierter Form sachlich sauber wiedergeben zu können.

Sachbericht B (Erweitern des Artikels durch eigene Stellungnahme).

Nehmen Sie eine Zeitung und lesen Sie einen mindestens eine Seite umfassenden Artikel. Danach kürzen Sie diesen Artikel auf drei Sätze, ohne den Sinn des Inhaltes zu entstellen.

Danach erweitern Sie den Artikel durch eine eigene Stellungnahme. Die Stellungnahme soll Pro und Contra enthalten. Entscheiden Sie sich am Ende für Pro oder für Contra und vertreten die eigene Entscheidung.

Ziel: Komplexe Zusammenhänge kommentieren zu können. Eigene Stellungnahme äußern und begründen zu können.

... Beschreibung

„Wat is en Dampfmaschin? En Dampfmaschin, dat is ene jroße schwarze Raum, der hat hinten un vorn e Loch."

So versucht Professor Bömmel (Paul Henckels 1885 – 1967) im Film ‚Die Feuerzangenbowle' aus dem Jahr 1944 (nach Heinrich Spoerl 1887 – 1955) den bedingt interessierten Schülern beizubringen, was eine Dampfmaschine ist.

Der Erfolg seiner Bemühungen ist als fraglich anzusehen.

Es stellt sich schnell heraus, dass es ungemein kompliziert sein kann, ein Gerät nur mithilfe von Wörtern zu beschreiben.

Hier kommt es einerseits auf Genauigkeit und andererseits auf bildhafte Beschreibung an.

Beschreibung A

Stellen Sie ein technisches Gerät vor sich auf.

Stellen Sie sich vor, Sie wollten jemandem über Funk (Telefon) mitteilen, wie das Gerät aussieht. Erklären Sie dieser fiktiven Person das Gerät und dessen Vorteile. Zur Verfügung stehende Zeit: ca. 3-5 Minuten.

Ziel: Genauigkeit und plastische, bildhafte Darstellung trainieren.

Beschreibung B

Stellen Sie sich den Ablauf einer Produktion vor. Über Funk wollen Sie jemandem den Prozess erklären. Zur Verfügung stehen 3-5 Minuten.

Ziel: Genauigkeit in Erklärungen steigern. Sauberen, bildhaften Vorgang beschreiben.

... Schlagzeile

Aus einer kräftigen
Schlagzeile wird ein
Artikel abgeleitet –
oder umgekehrt –
ein Artikel wird in
einer neugierig ma-
chenden Schlagzeile
angekündigt.

Schlagzeile A – Schlagzeile wird zum Artikel

Nehmen Sie eine Tageszeitung und suchen Sie eine
Schlagzeile.

Erfinden Sie zu dieser Schlagzeile einen eigenen (gespro-
chenen) Artikel, so wie er in der Zeitung stehen könnte.
Der Text sollte ca. 10 Sätze umfassen.

Ziel: Aus einem vorgegebenen Thema eigene Ideen entwickeln.

Schlagzeile B – Artikel wird zur Schlagzeile

Nehmen Sie eine Tageszeitung und suchen Sie einen Artikel, ohne die Schlagzeile zu lesen.

Lesen Sie den Artikel genau durch und erfinden zu diesem
eine eigene Schlagzeile, so wie sie in der Zeitung stehen
könnte.

Ziel: Steigerung der Schlagfertigkeit. Aus einem vorgegebenen Zusammenhang eine treffende, passende Aussage
finden.

... Sachvortrag

Ein sachliches bezie-
hungsweise fachliches
Thema soll so vermittelt
werden, dass der Zuhö-
rer nicht nur informiert,
sondern auch interessiert
ist.

Die gegebenen Fakten
müssen stimmen und auf
Nachfrage notfalls auch
mit Quellenangaben be-
legbar sein.

Sachvortrag A

Suchen Sie ein Thema aus, das Sie selbst interessiert. Ein
sachliches beziehungsweise fachliches Thema (zum Beispiel ‚Die Römer, der Wein und der Rhein‘ oder ‚Warum
starben die Dinosaurier aus?‘).

Notieren Sie, wenn nötig, auf einer Stichwort-Karte
(Karte in Größe einer Postkarte oder eines DIN-lang-For-
mats [länglicher Umschlag] einige Stichpunkte wie Jahreszahlen, Daten, Zitate usw.).

Stellen Sie sich vor eine nicht anwesende Zuhörergruppe
und tragen Sie Ihr Thema ca. 10 bis 15 Minuten lang vor.

Ziel: Zuhörer an Ihr Thema zu fesseln und das Fachwissen zu vermitteln.

Sachvortrag B

Suchen Sie ein Thema aus, das Sie selbst interessiert. Ein
sachliches beziehungsweise fachliches Thema (zum Beispiel ‚Hochwasser und andere Umweltkatastrophen‘ oder
‚Aborigines – das Leben der Ureinwohner Australiens‘).

Notieren Sie, wenn nötig, auf einer Stichwort-Karte einige
Stichpunkte wie Jahreszahlen, Daten, Zitate usw.

Setzen Sie ein Medium ein, ein Plakat oder Fotos oder
einen Videoausschnitt. Stellen Sie sich vor eine nicht anwesende Zuhörergruppe und tragen Sie Ihr Thema ca. 10
bis 15 Minuten lang vor.

Ziel: Zuhörer an Ihr Thema zu fesseln und das Fachwissen zu vermitteln, unter richtigem Einsatz eines Bild-Me-
diums.

Sachvortrag C

Suchen Sie ein Thema aus, das Sie selbst interessiert. Ein sachliches beziehungsweise fachliches Thema (zum Beispiel ‚Das Balzverhalten des Auerhahns' oder ‚Wie Wale miteinander kommunizieren.').

Notieren Sie, wenn nötig, auf einer Stichwort-Karte einige Stichpunkte wie Jahreszahlen, Daten, Zitate usw.

Setzen Sie ein Medium ein, wie Diktier- oder Sprachaufnahmegerät oder einen anderen Tonträger.

Stellen Sie sich vor eine nicht anwesende Zuhörergruppe und tragen Sie Ihr Thema ca. 10 bis 15 Minuten lang vor.

Nehmen Sie sich vor, das Thema wirklich so gut wie möglich in einem Durchgang und ohne Lücken vorzutragen.

Ziel: Zuhörer an Ihr Thema zu fesseln und das Fachwissen zu vermitteln, unter richtigem Einsatz von Ton-Medien.

... Meinungsrede/Überzeugungsrede

Sie vertreten eine Meinung, von der Sie Ihren Zuhörer überzeugen wollen.

Gute Argumentation ist gefordert, um Ihren Zuhörer, der eine andere Meinung vertritt, umstimmen zu können.

Eine Vorbereitung zu solch einer Rede ist möglich und sinnvoll.

Meinungsrede/Überzeugungsrede A mit Stichwortkarte

Überlegen Sie sich eine Meinung, die nicht unbedingt der Meinung der Mehrheit der Menschen entspricht. Bereiten Sie sich gedanklich darauf vor, Ihren Gesprächspartner beziehungsweise Ihren Zuhörer von Ihrer Meinung zu überzeugen.

Schreiben Sie einige Stichpunkte zu diesem Thema auf. Setzen Sie sich dann vor ein nicht anwesendes Gegenüber und versuchen es von Ihrer Meinung innerhalb von 5 Minuten zu überzeugen.

Nutzen Sie die auf einer Karte notierten Stichpunkte.

Ziel: Einen Gesprächspartner oder mehrere Zuhörer überzeugen zu können.

Meinungsrede/Überzeugungsrede B ohne Stichpunktkarte

Überlegen Sie sich eine Meinung, die nicht unbedingt der Meinung der Mehrheit der Menschen entspricht. Bereiten Sie sich gedanklich darauf vor, Ihren Gesprächspartner beziehungsweise Ihren Zuhörer von Ihrer Meinung zu überzeugen.

Schreiben Sie einige Stichpunkte zu diesem Thema auf. Setzen Sie sich dann vor ein nicht anwesendes Gegenüber und versuchen es von Ihrer Meinung innerhalb von 5 Minuten zu überzeugen. Benutzen Sie keine Stichpunktkarte während der Überzeugung.

Ziel: Einen Gesprächspartner oder mehrere Zuhörer freisprechend überzeugen zu können.

... Verkaufsgespräch

Eine Idee, eine Dienstleistung oder ein Produkt soll rhetorisch so dargestellt werden, dass Ihr Zuhörer bereit ist, diese/s zu ‚kaufen'.

Verkaufsgespräch A

Wählen Sie ein Produkt oder eine Dienstleistung, die Sie einem – nicht vorhandenen – Gesprächspartner verkaufen wollen.

Setzen Sie sich das Ziel, Ihr Gegenüber innerhalb ca. vier Minuten überzeugt zu haben.

Rechnen Sie mit Gegenargumenten, die Sie als Verkaufsargument ummünzen können.

Ziel: Idee, Produkt oder Dienstleistung, überzeugend verkaufen zu können. Begeisterungsfähigkeit, auf die Bedürfnisse des – nicht vorhandenen – Gesprächspartners eingehen zu können.

Verkaufsgespräch vor einem Zuhörer B

Wählen Sie ein Produkt oder eine Dienstleistung, die Sie einem Gesprächspartner verkaufen wollen.

Setzen Sie sich als Ziel, Ihr Gegenüber innerhalb ca. vier Minuten überzeugt zu haben.

Rechnen Sie mit Gegenargumenten, die Sie zum Verkaufsargument ummünzen können.

Ziel: Idee, Produkt oder Dienstleistung, überzeugend verkaufen zu können. Begeisterungsfähigkeit, auf die Bedürfnisse des Gesprächspartners eingehen zu können.

... Motivationsrede

Sie wollen Ihr Gegenüber dazu motivieren, ein Projekt in Ihrem Sinne umzusetzen oder unterstützend zu begleiten.

Motivationsrede A

Stellen Sie sich vor, Sie sind Vorgesetzte/r und wollen Ihre Mitarbeiter/innen motivieren. Denken Sie sich ein Projekt aus, das Sie darstellen wollen. Zum Beispiel ‚Änderung der Arbeitszeiten' oder ‚Umgestaltung der Arbeitsplätze unter ergonomischen (optimale Arbeitsbedingungen für den Menschen) Gesichtspunkten!'

Die Motivationsrede soll 10 bis 15 Minuten dauern. Bedenken Sie bei Ihrer Arbeit, dass Ihre Zuhörer wahrscheinlich Gegenargumente vorbringen, die Sie gut in Ihre Motivation einbinden sollen.

Ziel: Begeisterungsfähigkeit steigern. Gesprächspartner, zum Beispiel Kollegen, Vorgesetzte oder Mitarbeiter zu einer anderen Arbeitseinstellung zu motivieren. Lernen, auf Gegenargumente (souverän) reagieren zu können.

Motivationsrede vor einem Zuhörer B

Stellen Sie sich vor, Sie sind Vorgesetzte/r und wollen Ihre/n Mitarbeiter/in motivieren. Denken Sie sich ein Projekt aus, das Sie darstellen wollen. Zum Beispiel ‚Zusätzliche Arbeitsschicht wegen kurzfristigen Auftrags' oder ‚Verschiebung der Urlaubszeit zur Entzerrung des Dienstplanes'. Die Motivationsrede soll 10 bis 15 Minuten dauern. Bedenken Sie bei Ihrer Arbeit, dass Ihre Zuhörer wahrscheinlich Gegenargumente vorbringen, die Sie gut in Ihre Motivation einbinden sollen.

Ziel: Zuhörer zu motivieren und ggf. auf Einwände reagieren zu können. Begeisterungsfähigkeit steigern; lernen, auf Gegenargumente vernünftig reagieren zu können.

Sie begleiten eine Veranstaltung moderierend. Dazu gehört, dass Sie den Festredner begrüßen und vorstellen.

Sie schaffen rhetorische Überleitungen zwischen verschiedenen Veranstaltungspunkten.

Stellen Sie sich vor, Sie haben einen Redner zu einem Thema eingeladen. Ihre Zuhörer sitzen erwartungsvoll auf ihren Plätzen.

Ihre Aufgaben sind: Versammlung eröffnen – Zuhörer begrüßen – Redner begrüßen – Redner vorstellen – Redner Wort erteilen – Redner danken – Zuhörer verabschieden.

Entscheiden Sie sich für eine (vorgestellte) Veranstaltung in einem größeren Rahmen.

Obwohl der Festredner nicht physisch anwesend ist, tun Sie so als ob. Bewegen Sie sich, gehen Sie auf ihn zu, tauschen Sie Blickkontakt aus.

Ziel: Eine Versammlung eröffnen und schließen zu können. Einen Redner wortgewandt vorstellen zu können.

... Trauerrede

Bedauerlicherweise gehört der Tod zum Leben.

Nun sind Sie beauftragt oder sehen sich in der – moralischen – Pflicht, eine Trauerrede beziehungsweise eine Grabrede zu halten.

Hier muss auf die besondere Verfassung der Anwesenden eingegangen und die verstorbene Person mit passenden Worten gewürdigt werden.

Sie stehen vor Gästen einer Trauergemeinde und finden einige würdige und schlichte Worte.

Sie können die Grabrede gliedern, um ihr eine nachvollziehbare Struktur zu geben.

1. Begrüßen Sie den Hinterbliebenen (mit Namen), die Angehörigen und die Trauernden.

2. Stellen Sie, wenn nötig, Ihre Beziehung zu dem Verstorbenen her.

3. Schildern Sie Ihre persönliche Betroffenheit und gehen gegebenenfalls auch auf die Todesursache ein.

4. Nennen Sie einige kurze lustige oder prägende Erlebnisse aus dem Leben des Verstorbenen.

5. Stellen Sie den Verstorbenen positiv dar. Würdigen Sie ihn und vermeiden Sie das Erwähnen negativer Charaktereigenschaften.

6. Drücken Sie Ihr Mitgefühl den Hinterbliebenen und den Trauergästen aus.

7. Danken Sie den Zuhörenden und schließen Sie die Trauerrede mit einem Abschlusssatz.

Ziel: In einer traurigen Situation die richten Formulierungen zu finden.

... Festrede

Neben traurigen Angelegen-
heiten gibt es glücklicherweise eine ganze Menge schö-
ner, festlicher Gelegenheiten.

Oft wird auch hier eine Rede
erwartet, die auf die Gäste
und den Anlass abgestimmt
ist.

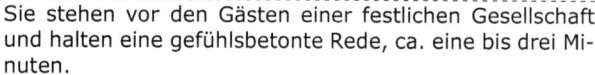

In dieser darf auch eine gewisse Portion Humor nicht
fehlen.

Die Festrede soll kurzweilig
sein und auf den Anlass einstimmen.

Sie stehen vor den Gästen einer festlichen Gesellschaft
und halten eine gefühlsbetonte Rede, ca. eine bis drei Minuten.

Ziel: In einer feierlichen Situation die richtigen Formulierungen zu finden.

... Jubiläumsrede

Ähnlich wie eine Festrede
kann eine Jubiläumsrede
gestaltet sein – es gibt etwas zu feiern.

Oft wird der bisherige
Werdegang skizziert und
der positive Weiterverlauf
in der Zukunft gewünscht.

Sie stehen vor den Gästen eines Jubiläums-Festes und
halten eine gefühlsbetonte Rede, ca. eine bis drei Minuten.

Zum Beispiel können Sie so vorgehen: Begrüßung – Hinweis auf Anlass der Versammlung – Rückblick – Blick in
die Zukunft – Ankündigung auf nächsten Programmpunkt
oder auf den weiteren Ablauf.

Ziel: Zu einem Jubiläum die richtigen Formulierungen zu
finden und gleichzeitig richtungweisend vorzugehen.

... Trinkspruch

Dort, wo gefeiert wird, wird oft und gerne getrunken.

Ein Trinkspruch wird in der Regel zu Ehren einer Person oder einer Personengruppe ausgesprochen.

Kurz, lustig und treffend soll der Trinkspruch sein.

Es ist dafür gesorgt, dass jeder Anwesende auf ein gefülltes Glas zugreifen kann, um nach dem Trinkspruch auf das Wohl des Ehrengastes anstoßen zu können.

„Lassen Sie uns das Glas gemeinsam erheben und auf das Wohl von ... anstoßen!" Prost!

Stellen Sie sich vor, Sie stehen mit einigen Gästen zusammen.

Mit einem Glas Sekt in der Hand ergreifen Sie nun das Wort zu einem Trinkspruch, der die Gäste positiv auf das folgende Ereignis einstimmen soll.

Manchmal wird ein Zitat eingesetzt, um dem Trinkspruch eine gewisse ‚Würze' zu verleihen.

Suchen Sie sich 2, 3 passende Zitate aus, die Sie in allen möglichen Situationen passend einsetzen können.

Vergessen Sie nicht die Quelle anzugeben, aus der das Zitat übernommen wurde.

Ziel: Steigerung der Kreativität, Originalität und Spontaneität. In Kürze eine zukunftsorientierte Aussage machen zu können.

... Hochzeitsansprache

Und wieder gibt es etwas zu feiern. Zwei Menschen haben zueinander gefunden und planen, die nächsten Jahre – bis zum Ende ihres Lebens? – gemeinsam zu verbringen.

Das ist ein besonderer Anlass, um eine passende Rede zu halten.

Die Gäste warten gespannt auf das, was Sie zu sagen haben. Natürlich gilt es, die beiden Ehrengäste zu würdigen.

Es darf Humorvolles in der Rede vorkommen, vielleicht auch Nachdenkliches. Auch die Gefühle dürfen angesprochen werden.

Selbstverständlich stehen Sie bei dieser Rede.

Stellen Sie sich eine Hochzeitsgesellschaft vor. Sie sollen oder wollen den Gästen einige Worte über das Hochzeitspaar sagen.

Die Gäste und die Ehrengäste schauen Sie erwartungsvoll an, die Kameras sind eingeschaltet.

Nun ist es an Ihnen, der Hochzeitsfeier einen zusätzlichen, kleinen rhetorischen Höhepunkt zu bieten.

Ziel: Mit wenigen Sätzen in humorvoller Art Positives (oder leicht Ironisches auch Negatives) über die Ehrengäste mitteilen zu können.

... Tischrede

Hier bestimmt die Zahl der Anwesenden, ob Sie im Sitzen eine Tischrede halten oder doch lieber aufstehen sollten. Im zweiten Fall können Sie besser gesehen und gegebenenfalls auch besser gehört werden.

Meist wird am Ende der Rede gemeinsam das Glas erhoben.

Tischrede A

Sie sitzen mit Ihren Gästen bei einem feierlichen (Arbeits)-Essen.

Nach dem ersten Speisengang wird Ihre Tischrede erwartet.

Sie klopfen mit einem Besteckteil an den Kelch Ihres Weinglases, erheben sich und halten eine ein- bis höchstens fünfminütige Tischrede.

Gehen Sie – wenn Sie möchten – so vor: Begrüßung – Hinweis auf Anlass der Versammlung – Rückblick – Blick in die Zukunft – Ankündigung auf nächsten Programmpunkt oder auf den weiteren Verlauf.

Bereiten Sie eine Stichwort-Karte mit Stichpunkten zu Ihrer Tischrede vor.

Ziel: In harmonischer Art den Redeinhalt zu vermitteln. Den (fiktiven) Gästen die Wichtigkeit des Zusammenseins zu unterstreichen.

In wenigen Minuten einen zeitlichen Abriss beziehungsweise Ablauf darlegen zu können.

Tischrede B

Sie sitzen mit Ihren Gästen bei einem feierlichen (Arbeits)-Essen.

Nach dem ersten Speisengang wird Ihre Tischrede erwartet.

Sie klopfen mit einem Besteckteil an den Kelch Ihres Weinglases, erheben sich und halten dann eine ein- bis höchstens fünfminütige Tischrede.

Gehen Sie – wenn Sie möchten – so vor: Begrüßung – Hinweis auf Anlass der Versammlung – Rückblick – Blick in die Zukunft – Ankündigung auf nächsten Programmpunkt oder auf den weiteren Verlauf. Benutzen Sie keine Stichwort-Karte und versuchen Sie frei zu reden.

Tipp: Suchen Sie sich ein originelles Zitat, das bei vielen Situationen passend eingefügt werden kann.

Ziel: In harmonischer Art den Redeinhalt zu vermitteln. Den (fiktiven) Gästen die Wichtigkeit des Zusammenseins zu unterstreichen.

In wenigen Minuten einen zeitlichen Abriss beziehungsweise Ablauf darlegen zu können. Steigerung der Spontaneität.

Tischrede C

Sie sind Gastgeber einer großen Gästeschar und sitzen mit dieser bei einem jährlichen, feierlichen Bankett-Essen.

Nach dem ersten Speisengang wird Ihre Tischrede erwartet.

Sie klopfen mit einem Besteckteil an den Kelch Ihres Weinglases, erheben sich und halten dann eine ein- bis höchstens fünfminütige festliche Tischrede.

Gehen Sie auf den besonderen und festlichen Anlass ein. Benutzen Sie keine Stichwort-Karte und versuchen Sie frei zu reden.

Tipp: Suchen Sie sich auch hier ein originelles Zitat, mit dem Sie Ihre Rede beginnen oder beenden.

Ziel: In harmonischer Art den festlichen Redeinhalt zu vermitteln. Der großen (fiktiven) Gästegruppe die Bedeutung des Zusammenseins zu unterstreichen.

In wenigen Minuten einen kurzweiligen Inhalt darlegen zu können, der auf alle anwesenden Gäste passt. Steigerung der Spontaneität.

... Laudatio (Lobrede)

Bei einer Lobrede beziehungsweise einer Laudatio (aus dem Lateinischen ‚laudare' für preisen oder loben) gibt es den Laudator und den Laureat.

Der Laudator ist derjenige, der die Lobrede hält. Er ehrt den Laureat.

Der Laureat ist demnach die geehrte Person. Demjenigen, der die Lobrede halten darf, ist eine besondere Ehre und entsprechendes Vertrauen gewährt.

Suchen Sie sich eine bekannte Persönlichkeit aus. Stellen Sie sich vor, dass diese Person eine Auszeichnung erhält. Erstellen Sie eine Lobrede.

Sie können sich dazu einen Spickzettel anfertigen.

Die Lobrede sollte ca. eine bis zwei Minuten dauern.

Ziel: In kurzer Zeit die wichtigsten Stationen eines Ehrengastes positiv darstellen zu können. Es schaffen, negative Verhaltensweisen des Ehrengastes außen vor zu lassen, um ausschließlich die Verdienste zu würdigen.

In Teil 3 werden wir noch einmal auf die Laudatio eingehen.

... Dankesrede

Sie wurden als
Ehrengast be-
grüßt und will-
kommen gehei-
ßen. Nun ist es
an Ihnen, eine
kurze Dankes-
rede an alle An-
wesenden zu
richten.

Vergessen Sie
dabei nicht, sich
kurz auch bei je-
nem zu bedan-
ken, der Sie vor-
gestellt hat.

Stellen Sie sich vor, Sie werden bei einem Zusammen-
kommen mehrerer Personen positiv verbal gewürdigt. Erwartungsvoll schauen die Anwesenden Sie nun an und er-
warten von Ihnen einige Worte des Dankes.

Stellen Sie sich in Position und halten Sie eine kurze Dankesrede (zwischen wenigen Sekunden und maximal einer
Minute).

Hilfsmittel sind nicht erlaubt, da Sie auf die Dankesrede
nur bedingt vorbereitet sind.

In der Realität ahnen Sie oft schon im Vorfeld – wenn Sie
nicht sowieso informiert wurden, – dass Sie geehrt werden.

Stottern Sie dann nicht nur rum, wie: „Ich danke meinen
Eltern. Ich danke meinem Partner. Ich danke meinem ..."
Peinlich und langweilig.

Ziel: Steigerung der Spontaneität. Es schaffen, aus dem
Stegreif positiv zu reagieren, sich zu bedanken und dabei
weder verlegen noch überheblich zu wirken.

... Smalltalk

Ein vernünftig umgesetzter Smalltalk öffnet Wege für ein späteres gesellschaftliches oder geschäftliches Zusammensein.

Richtig eingesetzter Smalltalk kann der Türöffner zum Job oder zum Verkaufsgespräch sein.

Wertschätzen Sie Ihren Gesprächspartner während des Smalltalks, indem Sie ihm Ihre volle Aufmerksamkeit schenken.

Smalltalk mit Gesprächspartner A

Sie sind zu einer Ausstellung eingeladen. Einige Besucher sind bereits anwesend. Sie werden einem Gast vorgestellt und dann beide vom Gastgeber allein gelassen. Führen Sie mit einem – nicht anwesenden – Gesprächspartner einen Smalltalk. Vermeiden Sie dabei Themen, die eine Diskussion (also mindestens zwei entgegengesetzte Meinungen) heraufbeschwören.

Tabu-Themen: Religion – Politik – Krankheit – Tod – Sexualität – Sport.

Ziel: Es schaffen, sich mit einem Fremden aus dem Stegreif über relativ Belangloses unterhalten zu können. Jederzeit den Smalltalk abbrechen zu können, ohne einen wichtigen gedanklichen Faden zu verlieren.

Smalltalk mit Gesprächspartner B

Sie sind zu einer Ausstellung eingeladen. Einige Besucher sind anwesend. Sie werden einem anderen Gast vorgestellt und dann allein gelassen. Führen Sie mit einem Gesprächspartner einen Smalltalk. Vermeiden Sie Themen, die eine Diskussion heraufbeschwören.

Ziel: Es schaffen, sich mit einem Fremden aus dem Stegreif über relativ Belangloses unterhalten zu können. Jederzeit den Smalltalk abbrechen zu können, ohne einen wichtigen gedanklichen Faden zu verlieren. Auf die Aussagen Ihres Gesprächspartners direkt reagieren zu können.

... Interview

„Wer, wie, was, wieso, weshalb, warum, wer nicht fragt bleibt dumm." Kennen Sie diese Behauptung aus der Sesamstraße?

Der Verkäufer fragt den Kunden, der Professor den Studierenden, der Richter den Angeklagten, die Ehefrau ihren Ehemann, der Journalist den Politiker, das Umfrageinstitut den Bürger.

Fast ließe sich annehmen, ohne Befragungen ginge es nicht. Schon das Kleinkind quält seine Eltern mit endlosen Kinderfragen.

Damit Wissenswertes und Interessantes vom Interviewten bekannt wird, bereitet sich der Interviewer gut vor.

Er bringt seine Fragen in eine vernünftige Reihenfolge, damit der Befragte bereit bleibt, ehrliche Antworten zu geben.

Interview als Interviewer A

Sie befragen als Interviewer einen Gesprächspartner. Stellen Sie schriftlich 8 bis 15 Fragen zusammen. Befragen Sie eine fiktive Person.

Achten Sie darauf, dass nicht nur „Ja-nein-Antworten" gegeben werden können. Wechseln Sie die Frageart (offene Frage, geschlossene Frage, Alternativfrage, Schätzfrage usw.).

Wenn Sie schriftlich arbeiten, lassen Sie auf Ihrem Fragebogen genügend Platz für die Antworten.

Zeigen Sie ein echtes Interesse an den Antworten des Befragten, wird dieser ehrlicher und ausführlicher antworten.

Ziel: Interessantes und Wichtiges in kurzer Zeit aus einem Gesprächspartner ‚herauszubekommen'.

Interview als Befragter B

Stellen Sie sich vor, Sie würden auf der Straße zu einem Thema Ihrer Wahl befragt.

Überlegen Sie sich die Fragen und geben Sie gedanklich Ihre Antworten dazu.

Ziel: Auf gestellte Fragen schnell und sinnvoll zu antworten, aber unter Umständen so, dass Sie nicht alle Informationen preisgeben.

Gleichzeitig erkennen Sie, wie zielführend Ihre Fragen waren.

Interview als Interviewer mit Gesprächspartner C

Listen Sie 8 bis 15 Fragen zu einem Thema Ihrer Wahl schriftlich auf. Befragen Sie dann direkt und live eine Person.

Sie werden schnell merken, ob Ihre Fragen in einer sinnvollen Reihenfolge und verständlich gestellt wurden.

Ziel: Interessantes und Wichtiges in kurzer Zeit aus einem Gesprächspartner ‚herauszubekommen‘.

... Moderation

Täglich quälen sich tausende Beschäftigte durch langweilige Meetings, da die Moderation suboptimal arbeitet.

Das muss natürlich nicht sein. Ein gut vorbereiteter Moderator wertschätzt die Gesprächsteilnehmer, lässt sie aussprechen und achtet gleichzeitig darauf, dass jeder seine Redebeiträge platzieren kann.

Sie sind Moderator/in und haben fünf bis sechs Gäste (Mitarbeiter oder Familienangehörige) beisammen am Tisch sitzen.

Arbeiten Sie ein Ziel aus, das alle gemeinsam erreichen wollen (zum Beispiel ‚Urlaubsziel oder Kostenverringerung').

Gehen Sie wie folgt vor: Begrüßung – Ziel der Moderation – Austausch – Vor- und Nachteile – Ergebnis finden – Bedanken – Verabschieden.

Ziel: Verschiedene Ideen oder Lösungswege zu koordinieren und in einem realistischen Ziel zusammenfassen zu können.

... Talk-Runde

Ein interessantes Thema aus Gesell- schaft, Wirtschaft, Politik, Religion und anderen Bereichen wird besprochen.

Welche Auswirkun- gen haben die Er- eignisse? Wie kann darauf reagiert werden? Welche Vorteile und Gefah- ren entstehen?

Jede Meinung gilt und wird akzep- tiert.

Sie sind Moderator/in einer Talk-Runde. Fünf bis sechs Teilnehmer/innen (Vertreter/innen verschiedener Inte- ressengruppen) sitzen auf Stühlen zusammen mit Ihnen in einem Kreis.

Bestimmen Sie ein Thema, über das geredet werden soll.

Ziel: Verschiedene Ideen oder Lösungswege zu koordinie- ren und eine einheitliche Übereinstimmung zu finden.

... Diskussion

Bei der Talk-Runde können alle Teilnehmer gleicher Meinung sein.

Bei der Diskussion hingegen muss es wenigstens zwei Meinungen geben, sonst kann es gar nicht zu einer Diskussion kommen.

Sie sind Diskussionsleiter/in. Sie sitzen mit zweimal zwei oder drei Diskussionsteilnehmer/innen zusammen. Diese sind gegenüber platziert.

Eine Hälfte der Teilnehmer vertritt eine ‚Pro'-Meinung, die andere Hälfte die ‚Contra'-Meinung. Fair ist es, wenn es gleich viele Pro- und Contra-Teilnehmer gibt.

Bestimmen Sie (vorab) ein Thema, zu dem eine ‚Pro'-Meinung und eine ‚Contra'-Meinung vertreten werden kann.

Lässt sich jemand von den Diskussionspartnern überzeugen und wechselt ‚das Lager'?

Alle Teilnehmer werden gleichberechtigt behandelt, gleich welche Meinung Sie als Diskussionsleiter vertreten.

Am Ende der Diskussion ein abschließendes Statement geben.

Ziel: Beide Meinungen zu akzeptieren. Darauf zu achten, dass alle Diskussionsteilnehmer/innen ungefähr gleich viele Redebeiträge leisten können.

... Präsentation

Nun sind wir bei ei-
ner der Königsdis-
ziplinen angelangt:
der professionellen
Präsentation. Im
Vergleich zu einem
üblichen Vortrag
können sowohl
Hilfsmittel wie auch
Medien und An-
schauungsmaterial
eingesetzt werden.
Meist erfolgt die
Präsentation im
Stehen.

Präsentation A

Wählen Sie ein Thema Ihrer Wahl. Präsentieren Sie Ihr
Thema in fünf Minuten.

Benutzen Sie – wahlweise – eine Stichwort-Karte. Setzen
Sie mindestens ein Medium ein (Beamer, TV, DVD, Tafel
oder ähnliches). Achten Sie auf Ihre Körpersprache, den
Blickkontakt und den sinnvollen Aufbau Ihrer Präsentation.

Begrüßen Sie Ihre – nicht vorhandenen – Gäste und verabschieden Sie diese am Ende der Präsentation.

Ziel: Ein Thema fesselnd präsentieren zu können.

Präsentation B

Wählen Sie ein Thema Ihrer Wahl. Präsentieren Sie Ihr
Thema in zehn Minuten. Benutzen Sie – wahlweise – eine
Stichwort-Karte. Setzen Sie mindestens ein Medium ein.
Werden Sie mit Ihrem – nicht vorhandenen – Publikum
interaktiv. Sprechen Sie die fünf Sinne an.

Achten Sie auf Ihre Körpersprache, den Blickkontakt und
den sinnvollen Aufbau Ihrer Präsentation.

Begrüßen Sie Ihre – nicht vorhandenen – Gäste und verabschieden Sie diese am Ende der Präsentation.

Ziel: Ein Thema fesselnd und bildhaft präsentieren zu
können.

Präsentation C

Wählen Sie ein Thema Ihrer Wahl.

Präsentieren Sie Ihr Thema in ca. zehn Minuten. Benutzen Sie keine Stichwort-Karte. Setzen Sie mindestens ein Medium ein.

Werden Sie mit Ihrem – nicht vorhandenen – Publikum interaktiv. Sprechen Sie die fünf Sinne an.

Achten Sie auf Ihre Körpersprache, den Blickkontakt und den sinnvollen Aufbau Ihrer Präsentation.

Halten Sie Ihre Präsentations-Struktur gut im Auge.

Begrüßen und verabschieden Sie Ihre – nicht vorhandenen – Gäste.

Ziel: Zuhörer frei für ein Thema fesselnd interessieren zu können, ohne eine Stichwort-Karte zu benutzen.

Übungen erfolgreich beendet

Gut trainiert in die Praxis

Liebe Leserin, lieber Leser, es ist schön zu sehen, dass Sie bis hierher gekommen sind.

Bestimmt haben Sie beim Training erkannt, dass Ihnen die eine oder andere Übung weniger wichtig erschien, während andere aber deutlich in Ihr Arbeitsumfeld passten.

Für Viele ist es vernünftig, sich im Abstand einiger Monate (Achtung – es werden schnell Jahre daraus!), immer mal wieder eine Übung auszusuchen, um diese erneut zu durch-laufen.

Erstens setzen sich im Laufe der Zeit bestimmte Verhaltens-muster fest, die Sie ‚eigentlich‘ vermeiden wollten.

Zweitens entwickeln Sie sich weiter, sodass Ihre Fähigkeiten nach einer gewissen Zeit ebenso weiter ausgereift sind.

Drittens ändern sich aufgrund vieler Einflüsse die Anforde-rungen im ‚echten‘ Leben.

Durch Wiederholungen halten Sie sich sozusagen ‚à jour‘. Gleichzeitig wird durch wiederholtes Training auch vermehrt auf Kleinigkeiten geachtet, die Sie selbst vorher weniger wahrgenommen haben.

Auch wenn die oben erfolgte Auswahl der Übungen sicherlich ergänzbar ist, spiegelt sie doch die Bedürfnisse der meisten Trainierenden wider.

Sollten Sie eine weitere Übung (er-)finden, ergänzen Sie die Auswahl und experimentieren einfach weiter.

Teil 3 – Präzise erklären und Stegreiftraining

Wohl überlegte Wörter genau und gezielt einsetzen

„Sag, was du sagen willst!"

Wir wissen nun, wie vorzutragen, zu reden, beziehungs-weise zu präsentieren ist. Die Art und Weise und die Umset-zung sind ausführlich geübt und klar.

Nun wenden wir uns verstärkt der Vorstellungskraft und dem Vorstellungsvermögen des Zuhörers zu. Bekannter-weise gilt in der Kommunikation, dass nicht jener Recht hat, der spricht, sondern jener, der versteht.

Wahr ist das, was der Empfänger versteht

Immer dann, wenn einer verzweifelt ausruft „Das habe ich dem schon 100-mal gesagt" drückt er damit aus, dass der Empfänger offensichtlich nicht verstanden hat, was der Sprecher meinte. Dumm gelaufen. „Soll sich doch der Emp-fänger mehr anstrengen und genauer zuhören!"

Ja, ja, wenn es so wäre.

Es nutzt dem Sprecher (Sender der Nachricht) trotzdem nichts, wenn er nicht verstanden wird. Er hat am Ende den Nachteil. In unserem Fall allein schon deswegen, weil er sich offenbar mehrfach wiederholen musste. Das kostet Zeit, Energie, Nerven und Geld.

Schon aus diesen Gründen ist der Sprechende in der Pflicht, sich so auszudrücken, dass ihn das Gegenüber versteht. Da-mit ist neben der klaren Aussprache und akustischen Ver-ständlichkeit auch der inhaltliche Gedanke gemeint.

Bei Wahlen kosten Missverständnisse auch Wähler. „Unsere Botschaft kam nicht an." So lautet manche Erkenntnis nach einer verlorenen Wahl. Konsequenz: Drücken Sie sich so verständlich aus, dass der Wähler (Kunde, Zuhörer …) mög-lichst genau weiß, was Sie ihm vermitteln wollen.

Präzise erklären

Dabei gibt es im deutschen Wortschatz so viele und ab-wechslungsreiche Wörter.

Die deutsche Sprache besteht aus 300.000 bis 400.000 Wör-tern. Der Durchschnitts-Deutsche benutzt 12.000 bis 16.000 deutsche Wörter und 3000 bis 4000 Fremdwörter. Er ver-steht allerdings die vierfache Wortmenge.

Viele tun sich außerordentlich schwer, präzise zu erklären. Der Zuhörer ergänzt sowieso die empfangene Nachricht, wobei er sich an seinen eigenen Vorstellungen, seinen bisherigen Erlebnissen und gesammelten Erfahrungen, allerdings auch an seinen Vorurteilen orientiert.

Wie alt ist eine „junge Frau"? Wieviel Quadratmeter hat ein „großer Vortragssaal"? Was verstehen Sie unter einem „schönen Urlaub"? Höchstwahrscheinlich wird sich jeder sein eigenes Bild vom Gehörten machen. Somit ist deutlich, dass die Erklärung, die Sie als Redner/Rednerin geben, in vielfältiger Form beim Zuhörer ankommt.

Das heißt, noch genauer und so eindeutig wie möglich zu erklären.

Links ist nicht immer links – Zweideutige Eindeutigkeit

Der Gast hat soeben im Hotel eingecheckt und wird vom Rezeptionisten aufgeklärt, er möge die Aufzüge ‚links' benutzen. Der Gast bedankt sich, geht nach links und sucht verzweifelt die Aufzüge. Er findet sie nicht. Orientierungslos irrt er durch die Hotellobby, bis er ein Schild findet, das ihn zu den Aufzügen bringt. Die Aufzüge befinden sich rechts. Was war geschehen?

1. Beispiel:

Rezeptionist: „Die Aufzüge befinden sich links."

Das ist richtig, aber nur aus Sicht des Sprechers. Aus Sicht des Gastes befinden sie sich rechts. Der Rezeptionist hat sich nicht in die Sichtweise des Gastes versetzt.

Es kommt zu Irritationen.

2. Beispiel:

Rezeptionist: „Die Aufzüge befinden sich links."

Der Rezeptionist deutet in Richtung der von dieser Stelle aus nicht einsehbaren Aufzüge. Das ist schon deutlich besser als im ersten Beispiel. Er deutet, indem er seinen Arm ‚nach links' hebt. Aus Sicht des Gastes deutet er allerdings nach rechts.

Es liegt hier eine sogenannte inkongruente Botschaft vor. Das Gesprochene stimmt aus Sicht des Gastes nicht mit dem Gezeigten überein (Sprache und Körpersprache sind nicht synchron).

Das kann den Gast irritieren.

3. Beispiel:

Rezeptionist: „Die Aufzüge befinden sich in dieser Richtung."

Der Rezeptionist deutet in Richtung der Aufzüge. Er vermeidet dabei das Wort ‚links'.

Für den Gast ist somit eindeutig klar, in welche Richtung er sich begeben soll.

Die Nachricht ist kongruent. Sprache und Körpersprache stimmen überein.

Vielleicht unterstützt der Rezeptionist seine Aussage durch eine kurze Kopfbewegung in die entsprechende Richtung.

Der Gast fühlt sich wohl.

Sollten Sie als Redner/in die Wörter ,links' oder ,rechts' benutzen wollen, könnten Sie konkretisieren „aus Ihrer Sicht links".

Wer steht vorn, wer steht hinten?

Ein zweites Beispiel soll die Vielfältigkeit der Sprache weiter verdeutlichen. Otto von Bismarck (1815 – 1898), Reichskanzler im Deutschen Kaiserreich, soll einmal gesagt haben: „Wo ich sitze, ist immer oben." Zu ihm hätte auch gut diese Aussage gepasst: „Da wo ich bin, ist vorn." Aber was ist ,oben', was ist ,vorn'?

Wer steht vorn?

Aus unserer Sicht die Person links. Wir sehen sie ,vor' der anderen.

Aus Sicht der beiden die rechte. Die rechte steht ,vor' der linken.

Versetzten Sie sich am besten immer in ,die Sicht' des Zuhörers und beschreiben aus ,seiner Sicht'.

Chronologie – damals, heute, dann

Stellen Sie mithilfe Ihrer Hände eine zeitliche Achse dar. Das wird etwa so aussehen, wie unten dargestellt. Dabei stehen wir hinter Ihnen und schauen sozusagen durch Ihren Oberkörper durch:

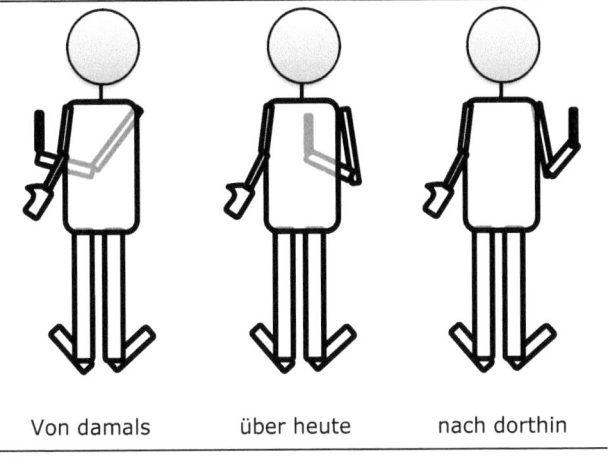

Von damals   über heute   nach dorthin

Der Zuschauer, der sich Ihnen gegenüber befindet, sieht Sie und Ihre Gesten so:

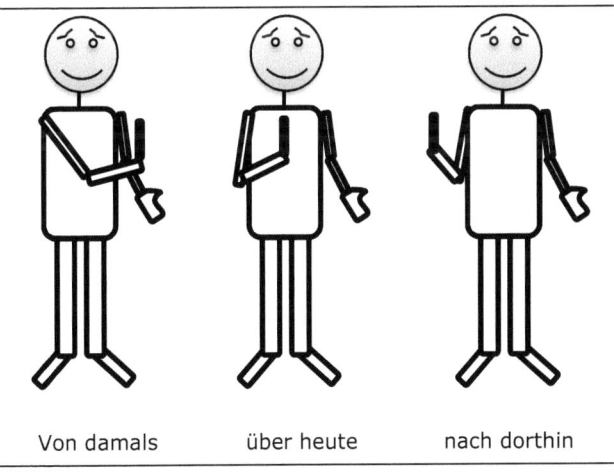

Von damals   über heute   nach dorthin

Aufgrund der Tatsache, dass in unserer Kultur von links nach rechts geschrieben wird, liegt es nahe, dass eine Person mit den Händen in derselben Richtung eine Zeitachse anzeigt. Er wird seine Hand erst links, dann in der Mitte vor seinem Körper, schließlich rechts seines Körpers halten (obere Bilddarstellung).

Aus Ihrer Sicht beginnt Ihre Geste links und wandert nach rechts.

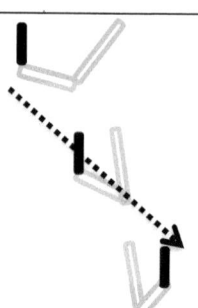

Aus Sicht des Zuschauers wandert Ihre Geste allerdings von rechts nach links

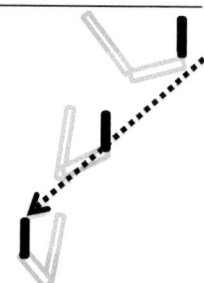

Da der Zuhörer auch ‚von links nach rechts' denkt, stimmt bei ihm die wahrgenommene Geste in ihrer Bewegung mit seiner Erwartungshaltung nicht überein.

Das bedeutet für Sie als Redner/in, dass Sie eine Folge von Gesten in umgekehrter Reihenfolge darstellen sollten.

Zeigen Sie „von damals" demnach rechts vor Ihrer Schulter an, fahren Sie über die Körpermitte bis „nach dorthin", wobei dann Ihre Hand links neben Ihrer linken Schulter gehalten wird.

Sensibel ausdrücken

Feinfühlig erklären

Können Sie auch ohne ‚Hände und Füße' zu benutzen, sauber und genau erklären?

Ein Ziel in Vorträgen besteht darin, Gestik wirkungsvoll und überzeugend einzusetzen. Aber schaffen Sie es auch, lediglich mit der Kraft Ihrer Worte bestimmte Informationen (möglichst verständlich) zu vermitteln? Dazu folgende Übung.

Übung: Verständlich beschreiben

Viele verschiedene Übungen haben Sie nun durcharbeiten können. Die folgende Übung soll zeigen, wie unglaublich schwierig es ist, Zuhörern exakt das zu vermitteln, was Sie vermitteln wollen. Bei dieser Übung arbeiten Sie mit Publikum.

Ihr Publikum sitzt. Sie sitzen oder stehen.

Platzieren Sie Ihr Publikum so, dass Sie Rücken zu Rücken zueinander befinden. Jeder Zuhörer hat ein Blatt Papier auf einer Schreibunterlage vor sich und einen Stift in der Hand.

Dann erklären Sie Ihren Zuhörern <u>nur</u> verbal die folgende abgebildete Zeichnung. Achtung: Sie nehmen keinen Blickkontakt zu Ihren Zuhörern auf. Die Zuhörer dürfen keine Zwischenfragen stellen!

Sprechen Sie langsam und laut verständlich. Diese Übung scheint leicht, ist in der Umsetzung aber überaus schwierig. Versuchen Sie es und wenn Sie wollen, natürlich auch mit weiteren Zeichnungen.

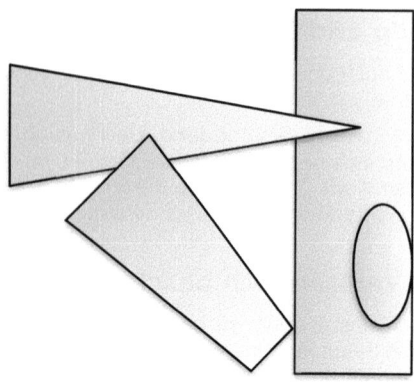

Sobald Sie glauben, ausreichend erklärt zu haben, beenden Sie das Spiel.

Vergleichen Sie die Ergebnisse Ihrer Zuhörer. Sie werden verblüfft sein. Verblüfft deswegen, weil höchstwahrscheinlich jeder etwas anderes zu Papier brachte.

Pfiffige meinen, eine Art gedankliches Netz über das Bild zu legen, um dann deutlicher zu erklären, in welchem Gitterfester sie sich gerade bewegen.

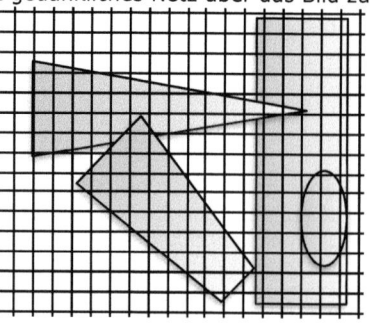

Das mag für den einen oder anderen hilfreich sein – für die meisten bringt es eher Verwirrung.

Abgesehen davon, nimmt diese Vorgehensweise deutlich mehr Zeit in Anspruch.

Der mutige Ritter und das fesche Burgfräulein

Oder erklären Sie jemandem das nächste Bild.

In Seminaren ist es tatsächlich schon mehrfach vorgekommen, dass der Ritter auf einem Pferd sitzend mutig angaloppiert kam. Dabei wurde das/ein Pferd nie erwähnt …

Übrigens: Haben Sie die Bildaussage auch richtig wiedergegeben?

Nämlich, dass unser tapferer Ritter mittels Stabhochsprung die hübsche Jungfrau befreien will? Ob er es schafft?

Reden aus dem Stegreif

Spontan und schlagfertig

Tja, da ist nichts mit perfekter Vorbereitung. Aber ein entsprechendes, allgemeines Training ist möglich. Wir halten fest, dass eine spontane Handlung in der Regel eine gewisse, kurze Vorbereitungszeit hat. Und, dass aufgrund des Anlasses (Jubiläum, Meeting, Dialog) eine gewisse Beziehung zur räumlichen Umgebung und eine deutliche Beziehung zum Gegenüber oder Gastgeber gegeben sind.

Das menschliche Gehirn erlaubt, dass wir unglaublich schnell denken und handeln können. Eine stundenlange Vorbereitung auf eine Aktion ist demnach nicht immer notwendig. Werden Sie aufgefordert, eine Spontanrede zu halten, so ist dieses zumindest durch die Kapazitäten des Gehirns und des Gedächtnisses zeitlich betrachtet absolut kein Problem.

Die Herausforderung, die sich manchmal zeigt, liegt in der möglichen Nervosität desjenigen, der gleich eine Stegreifrede halten soll. Diese Nervosität beeinflusst die ‚coole‘ gedankliche Vorbereitung.

Davon ausgehend, dass Sie sprechen können, gilt es nun, in kürzester Zeit ein paar interessante Punkte zu sammeln und diese zu ordnen.

Stegreif-Training

Hier nun einige Übungen zum Thema Stegreif. Die meisten der Übungen können Sie alleine umsetzen, manche auch in netter Runde mit anderen zusammen.

Übung: Zeitliche 3er-Struktur: Vergangenheit – Gegenwart – Zukunft

Eine gern genutzte Möglichkeit, einer spontanen Rede eine gewisse Ordnung zu geben, zeigt die chronologische Gliederung. Das, was Sie sagen wollen, wird in einer Zeitachse dargestellt. Hervorragend eignet sich hier die Dreiteilung Vergangenheit, Gegenwart, Zukunft. Bei fast allen Spontanreden kann diese Dreiteilung eingesetzt werden.

Sie sollen eine Rede für den Ehrengast halten. Schauen wir uns ein Beispiel an.

Über eine Person

Ruck-zuck ist es Ihnen gelungen, eine nachvollziehbare Gliederung in Ihre spontane Rede zu bringen.

Da Sie aufgefordert wurden, eine Rede zu halten, darf davon ausgegangen werden, dass Sie im Regelfall eine positive Beziehung zu der Person haben, über die Sie reden sollen.

Also kennen Sie die Person. Und irgendwann werden Sie sie zum ersten Mal getroffen haben.

Schon haben Sie die Basis für Ihre Rede. Im zweiten Teil (der Gegenwart) beziehen Sie sich auf den aktuellen Anlass, zu dem die Gäste zusammengekommen sind.

Und der dritte und letzte Teil widmet sich dem Gedanken an eine (gemeinsame) Zukunft.

Obwohl die Anlässe sicherlich verschieden sein können, wird in der Regel positiv über die zu ehrende Person gesprochen.

Sollte eine Differenz oder eine Schwierigkeit angesprochen werden, so lässt sich diese schönmalerisch als Herausforderung darstellen. Vor allem aber soll die Rede positiv im Gedächtnis bleiben.

Deshalb wird speziell der dritte Teil in einer angenehmen Zukunftsaussicht dargestellt.

Wird über eine Institution gesprochen, können Sie vergleichbar vorgehen.

Über eine Institution

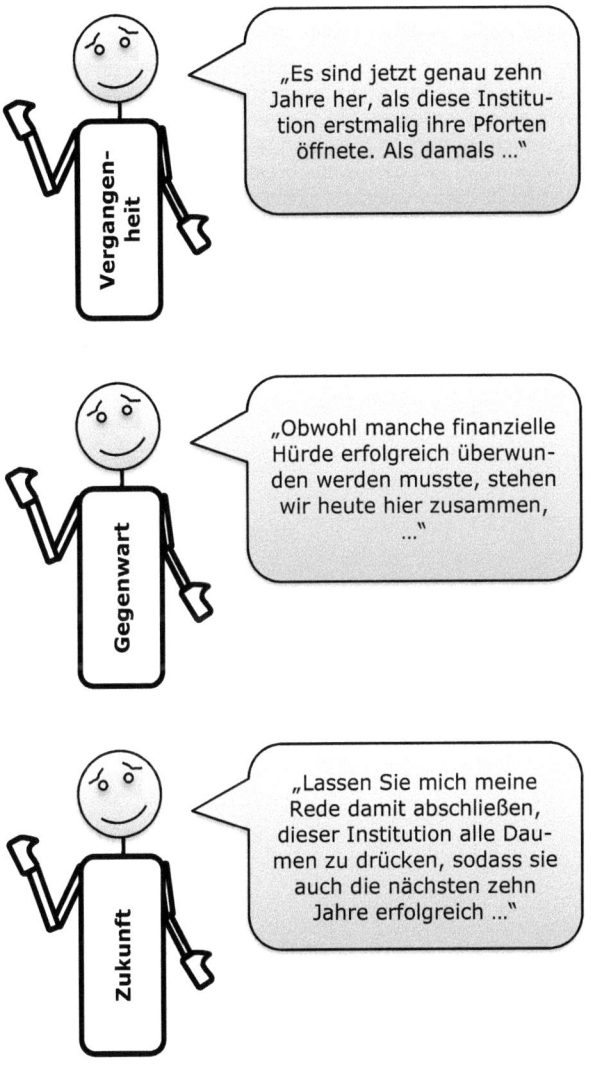

Die gezeigten Beispiele einer Spontanrede können bereits der erste Schritt zu einer Übung für Sie sein.

Bestimmt gibt es unzählige Situationen, in denen eine Rede auf einen besonderen Menschen denkbar ist.

Beim Zusammensein eines erfolgreich abgeschlossenen Kurses, bei der Gratulation zur mehrjährigen Zusammenarbeit mit einem Kollegen, bei (Geburtstags-) Feiern aller Art, bei Auszeichnungen, in Vereinen, einfach nur so bei nettem Zusammensein, allerdings auch bei Begräbnissen und vielen, vielen anderen Gelegenheiten ebenso.

Jetzt sind Sie dran.

Reden Sie über …	
Partner/in	Elternteil
Lehrer/in auf 20-jähriger Abi-Feier	Studierende bei der Diplom-Übergabe
Kollege/in bei 10-jährigem Jubiläum	Geschwister

Übung: Lobrede – Zu Ehren von …

Eine Laudatio ist in der Regel gut vorbereitet, fällt demnach kaum in die Gruppe der Stegreifreden. Manchmal hat der Laureat ebenso eine Rede vorbereitet. Trifft ihn die Auszeichnung eher unerwartet, werden von ihm anschließend wenigstens ein paar Worte erwartet. Und hier kann es sein, dass eine Stegreifrede fällig ist.

Als Preisträger ist Ihre Vorbereitungszeit demnach höchstens so lange, wie die Lobrede dauert. Nun sind Sie doppelt gefordert: Zum einen sollen Sie selbstverständlich zuhören, was der Laudator über Sie sagt. Denn hier gibt es möglicherweise das eine oder andere Stichwort, auf das Sie zurückgreifen können, um es in Ihre Rede passend einzusetzen.

Und nun zur Übung: Überlegen Sie einmal, wo Sie in solch eine Situation geraten könnten. Stellen Sie sich vor, was der Laudator über Sie beziehungsweise zu Ihnen sagen wird. Und dann formulieren Sie Ihre eigene Rede. In der Übung genügt es, wenn Sie diese nur ‚gedacht' ausformulieren. Sie müssen Ihre Rede nicht aufschreiben. Soll Ihre Übung intensiver werden, sprechen Sie leise vor sich hin. Bei dieser Vorgehensweise merken Sie deutlicher, wenn Sie sich verhaspeln oder Sätze bauen, die inhaltlich nicht zu verstehen sind.

Übungen dieser Art nehmen nicht viel Zeit in Anspruch und können an vielen Stellen problemlos umgesetzt werden. Überwinden Sie damit Wartezeiten oder Fahrzeiten und profitieren Sie von diesem Training.

Ihre Lobrede anlässlich …	
Silberhochzeit	50ster Geburtstag
Ernennung zum Sport-Captain	Bei 15-jähriger Betriebszugehörigkeit
Bei der Überreichung eines Pokals	Beim Erhalt einer Auszeichnung

Nochmal Ihr Part. Jemand erwartet eine kurze Dankesrede, nachdem Sie gelobt wurden. Legen Sie los!

Übung: Stegreif – Warum ist die Kuh lila?

Die nächste Übung ist etwas anspruchsvoller. Im Gegensatz zur ersten Übung, in der wir uns eine reale Situation vorstellen konnten. Bei der folgenden Übung ist viel deutlicher die Kreativität gefragt. Sie wird zur Freude der meisten Teilnehmer in Seminaren sehr gerne umgesetzt. Gerade die wirklich kreativen Formulierungen kommen am besten an.

Wählen Sie im Anschluss einen der unten aufgelisteten Titel. Halten Sie spontan einen (sinnvollen) Vortrag zu diesem Titel. Angepeilte Zeit aus dem Stegreif ca. drei Minuten.

In Seminaren erhalten die Teilnehmer das Thema erst dann, wenn sie vor der Gruppe stehen. Das reduziert die Vorbereitungszeit tatsächlich auf wenige Sekunden.

Im geschriebenen Text haben Sie ganz andere Voraussetzungen. Sie können sich ein Thema aussuchen und während Sie es sich aussuchen, arbeitet Ihr Gehirn bereits und sucht nach Lösungen.

Alternative: Sie schließen die Augen, tippen blind auf die Unterlage und nehmen das so ausgesuchte Beispiel als Vortrags-Thema.

Und nun sind Sie, liebe Leserin, lieber Leser, an der Reihe. Viel Spaß.

Weshalb die Kuh lila ist – und andere eigenartige Themen	
Weshalb die Kuh lila ist.	Weshalb in mancher Schüssel ein Sprung ist.
Weshalb der Rhein Rhein heißt, und nicht Rhaus.	Weshalb die Autoschlange keinen Winterschlaf hält.
Die Vorteile des Buchstabens M.	Weshalb es keine runde Staatsflagge gibt.

Die Vorteile der Farbe Rot.	Was sind die Vorteile einer Kugel?
Weshalb es China heißt, und nicht Chino.	Weshalb Fliegen ‚Fliegen' heißen.
Weshalb es heißt: Der Himmel, aber die Hölle.	Weshalb ist die Banane krumm?
Die Vorteile des Nichts.	Weshalb eine Wurst zwei Enden hat.
Weshalb es das Wort mrpf nicht gibt.	Weshalb macht die Kuh muh?
Weshalb manche Menschen nicht bis drei zählen können.	Weshalb eine Uhr geht.
Weshalb es nur sechs Kontinente gibt.	Weshalb das Butterbrot mit der Butterseite nach unten fällt.
Weshalb es mehr dumme als intelligente Menschen gibt.	Weshalb macht eine Schwalbe noch keinen Sommer?
Weshalb niemals die berühmte Erdnussmaschine erfunden wurde.	

Übung; „Wofür ein Loch gut ist."

Versuchen Sie einem – möglicherweise sinnlosen – Thema einen Sinn zu geben. Das Beispielthema lautet: „Wofür ein Loch gut ist."

Zu diesem Thema sollen drei Vorschläge anregen.

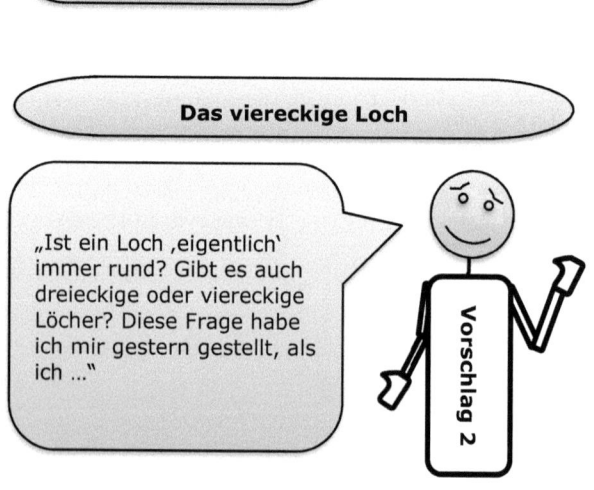

Die Welt ohne Löcher

„Allein die Tatsache, dass es ein Loch gibt, spricht Bände für sich. Was wäre die Welt ohne Löcher? Nehmen wir doch nur einige wenige Beispiele. Ist Ihnen schon einmal aufgefallen, dass ein Schlüsselloch ohne Loch gar keine Funktion hätte? Was sollten wir mit all den vielen Schlüsseln tun? …"

Vorschlag 1

Das viereckige Loch

„Ist ein Loch ‚eigentlich' immer rund? Gibt es auch dreieckige oder viereckige Löcher? Diese Frage habe ich mir gestern gestellt, als ich …"

Vorschlag 2

Das unsichtbare Loch

„An sich ist es lustig: Ein Loch ist überhaupt nicht sichtbar. Das Loch als solches wird erst dann erkannt, wenn es drumherum etwas anderes gibt.

Zum Beispiel Zement, Beton, Holz oder Stein. Nehmen Sie die Wand eines Zimmers und eine Bohrmaschine.

Nun bohren sie ein Loch in die Wand. Anschließend können Sie das Loch sehen. Würden Sie mit der Bohrmaschine ein Loch in die Luft bohren, wäre es nicht sichtbar.

Was können wir daraus schließen? …"

Vorschlag 3

Übung: Überzeugen – Die ‚lahme Gurke' zum Star küren

Nun ist etwas Überzeugungstalent gefordert. Erklären Sie Ihrem virtuellen Publikum die Vorteile eines Fahrzeugs.

Es heißt Ying 555 und scheint nach den folgenden Angaben nicht gerade ein Publikumsliebling zu sein.

Das Modell soll positiv in einer Verkaufspräsentation darge-stellt werden. Eine der Herausforderungen in dieser Übung liegt darin, dass Sie diese Angaben so drehen, dass sie sich ansprechend anhören.

Hier die Angaben:

Das neue PKW-Modell Ying 555	
Laut ADAC Pannenstatistik auf Negativplatz 3.	Geringes Fassungsvermö-gen des Kofferraums.
Starke Außengeräusche bei Geschwindigkeiten ab 70 km/h.	Nur in den 3 Standardfar-ben weiß, rot und schwarz lieferbar.
Ungefälliger Markennamen Ying 555.	Keine Extras buchbar.
Hoher Verbrauch von etwa 19.5 Litern Super-Benzin auf 100 km.	

Bereiten Sie sich bitte so vor, dass Sie die oben aufgelisteten Negativ-Punkte positiv darstellen.

Beispielsweise könnten Sie so starten.

„Ying 555"

Tolles Auto

„Der dynamische Name sagt es bereits – flott, spritzig und modern: Ying 555. Ein tolles Auto für den flexiblen Menschen von heute und das in den gängigen Hip-Farben Weiß, Rot oder Schwarz Die Hersteller haben sich auf das Wesentliche konzentriert und allen Schnickschnack weggelassen. Beim Beschleunigen des Fahrzeugs spüren Sie die vibrierende Kraft, die im kompakten Motor steckt …"

Und nun sind Sie an der Reihe.

Ausleitung

„Ich kann erfolgreich präsentieren"

Sie haben es geschafft! Herzlichen Glückwunsch zur erfolgreich durchgeführten Trainingsphase.

Die meisten Vorträge, Reden, Präsentationen sollten jetzt keine allzu große Herausforderung für Sie sein.

Stellen Sie sich nun der Praxis. Je häufiger Sie in die Situation geraten, vor oder zu anderen zu reden, desto ausgefeilter, raffinierter und abwechslungsreicher wird Ihr Auftreten werden.

Immer wieder werden Sie auf neue rhetorische Herausforderungen treffen. Aufgrund der gesammelten Erfahrungswerte kann es Ihnen relativ leicht gelingen, sich auf diese erfolgreich und zeitnah einzustellen.

So wünsche ich Ihnen guten Erfolg mit Ihrem Wissen und Ihren Fähigkeiten.

Alles Beste bis zu einem möglichen ‚Wiederlesen' in einem anderen Ratgeber unserer Reihe „Das kleine Rhetorik-Handbuch [2100]".

Horst Hanisch

Stichwortverzeichnis

Knigge als Synonym

Umgang mit Menschen

Suche weniger selbst zu glänzen, als andern Gelegenheit zu geben, sich von vorteilhaften Seiten zu zeigen, wenn Du gelobt werden und gefallen willst.

Adolph Freiherr Knigge, aus dem Buch „Über den Umgang mit Menschen",
1788
(1752 - 1796)

Schon zu seinen Lebzeiten war Adolph Freiherr Knigge (1752 – 1796) umstritten. Knigge setzte sich durch sein energisches Eintreten für die Ziele der Aufklärung, so wie er sie verstand, scharfen Angriffen aus. Er arbeitete als Romanschriftsteller und Satiriker sowie als politischer Schriftsteller. Er gehörte den Freimaurern an. Heute ist Knigge vor allem seines Buches wegen ‚Über den Umgang mit Menschen' (1788) bekannt. Und zwar deswegen, weil sein Werk als Etikette-Buch angesehen wird.

Das große Missverständnis

Knigge verdankt seinen heutigen Ruf und Erfolg aber einem Missverständnis. Denn: Das Werk Adolph Freiherr Knigges gilt als Etikette-Buch ersten Rangs. Allerdings beschreibt Knigge keine Regeln wie mit Besteck umzugehen ist oder das Verhalten bei Tisch, stattdessen offenbart er eine praktische Lebensphilosophie im Umgang mit Mitmenschen. Er gibt Anleitungen und Anregungen, wie mit seinen Mitmenschen richtig umzugehen ist. Knigge hoffte damit, dass die Menschen glücklich und froh miteinander leben könnten. Sein Buch erschien 1788 und war schon kurze Zeit in fast allen Haushalten zu finden. Auch über 200 Jahre nach Erscheinen prägt sich sein Buch im Bewusstsein der Leser als praktisches Handbuch über gutes Benehmen ein.

Über den Umgang mit Menschen

In drei Teilen seines Buches hat Knigge über den Umgang mit verschiedenen Menschengruppen geschrieben, zum Beispiel:

- Über den Umgang mit Leuten von verschiedenen Gemütsarten, Temperamenten und Stimmungen des Geistes und des Herzens (Erster Teil, 3. Kapitel)
- Über den Umgang mit Frauenzimmern (Zweiter Teil, 5. Kapitel)

- Über die Verhältnisse zwischen Herrn und Dienern (Zweiter Teil, 7. Kapitel)
- Über das Verhältnis zwischen Wohltätern und denen, welche Wohltaten empfangen; wie auch unter Lehrern und Schülern, Gläubigern und Schuldnern (Zweiter Teil, 10. Kapitel)
- Über den Umgang mit den Großen der Erde, mit Fürsten, Vornehmen und Reichen (Dritter Teil, 1. Kapitel)

Knigge heute als Synonym für Umgangsformen

Obwohl es heute klar ist, dass Knigge anderes verfolgte, als wir unter seinem Namen verstehen, soll ‚Knigge' als Synonym für den Bereich stehen, dem sich das vorliegende Handbuch widmet.

Wir behandeln das Thema Kommunikation in seinen Details. Ist das nichts anderes als der Umgang mit Menschen?

Gerade davon ausgehend, dass die zwischenmenschliche Kommunikation einen immensen Einfluss auf das Wohl und Gedeih eines Einzelnen nimmt, passt dieser Ratgeber gedanklich zu den Ideen des Freiherrn Knigge.

12 Ratgeber in der kleinen Knigge-Reihe

Der kleine ... -Knigge [2100] (Je € 9,70; 88 Seiten, 12x19 cm, kartoniert)

Anstands- und Banausen-...

Business- und Kunden-...

Büro- und Kollegen-...

Gäste- und Gastgeber-...

Gesellschafts- und Freunde-...

Outfit- und Stil-...

Interkulturelle- und Auslands-...

Bewerbungs- und Vorstellungs-...

Event- und Feste-...

Gastro- und Tischsitten-...

Speisen- und Exoten-...

Trinkkultur- und Getränke-...

12 x kleines Handbuch der Rhetorik 2100

Der kleine Handbuch der Rhetorik [2100] (Je € 9,70; 100 Seiten, 12x19 cm)

Erfolgreich reden

Körpersprache einsetzen

Gezielt trainieren

Nervosität austricksen

Begeistert überzeugen

Unterschwellig manipulieren

Wahrnehmung verzerren

Einwände entkräften

Gespräche führen

Meetings leiten

Geschicktes Nudging

Interviews führen

4 Ratgeber in der Ego-Management-Reihe

Jeder Ratgeber € 14,90, 104 Seiten, A5
Persönlichkeits-Management – Ego-Knigge [2100] Soft Skills, Selbst-Reflexion und Selbst-Bewusstsein

Stress-Management – Ego-Knigge [2100] Lampenfieber, Stressoren, Gerüchte, Mobbing, Burnout, Stressvermeidung
Zeit-Management– Ego-Knigge [2100] Umgang mit der Zeit, Organisation von Arbeitsabläufen, Perfektionismus, Zielsetzung
Gedächtnis-Management – Ego-Knigge [2100] Gehirn, Intelligenz, Schwachsinn – Hochbegabung, Gedächtnis, Lerntechniken

4 Ratgeber in der Reihe Lebenseinstellung

Jeder Ratgeber € 12,95, 160 Seiten, A5
Aberglaube-Knigge [2100] Von schwarzen Katzen, der linken Hand des Teufels und den Glücksbringern

Lügen- und Egoismus-Knigge [2100] Überleben durch Flunkern, Schummeln und Täuschen! Macht, Respekt, Wertschätzung? Lebenslüge und Lebensschutz
Glücks-Knigge [2100] Vom Glücklichsein, positiven Denken und von Freundschaften
Angst- und Optimismus-Knigge [2100] Die Furcht beherrschen, Ängste nutzen und positiv durchs Leben gehen

3 Ratgeber Bräutigam, Braut, Brautpaar

Bräutigam-Knigge [2100] Verlobung und Polterabend, Schwiegereltern und das Ja-Wort, Hochzeits-Outfit und Hochzeits-Kutsche
Braut-Knigge [2100] Brautkleid und Accessoires, Das große Hochzeitsfest, Höhepunkte und Hochzeitstanz

Brautpaar-Knigge [2100] Historisches und Sonderbares, Planung und Organisation, Aberglaube und Hochzeitsbräuche
Jeder Ratgeber € 15,90, 104 Seiten, A5, kartoniert

2 Ratgeber Selbst-Coaching

Jeder Ratgeber € 12,95, 120 Seiten, A5
Selbstbewusstsein Knigge [2100] Ich bin, ich kann, ich will. Das eigene Leben bestimmen, Soft Skills, The Winner 1
Selbstwertgefühl Knigge [2100] Steh auf! – Werde aktiv! – Zeige Profil! Das eigene Leben beeinflussen, Motivation, The Winner 2

Leben und Lifestyle

Das kleine Knigge-Quiz [2100] € 9,70; 96 Seiten, 12x19 cm, kartoniert
Jugend-Knigge [2100] Knigge für junge Leute und Berufseinsteiger, € 15,90; 152 Seiten
Zukunfts-Knigge [2100] Verfall der Sitten und Verlust der Wertschätzung? Umgangsformen in 100 Jahren. Zusammenleben mit Menschen, Maschinen und menschenähnlichen Robotern, € 14,95; 172 Seiten A5 kartoniert
Hochzeits-Knigge [2100] Hochzeitsbräuche, Geschenke, Brautjungfer, Trauung, Festgäste und Festmahl, € 29,95; 310 Seiten A5
Ü65- und Senioren-Knigge [2100] Die junge Alten und die alten Jungen, Kommunikation und Verständnis zwischen den Generationen, Einsamkeit und technischer Fortschritt, € 19,95; 180 Seiten A5
Blumen-Knigge [2100] Historisches, Mystisches, Festliches, Blumen-Sprache, Umgang mit Blumen-Präsenten, € 19,95; 144 Seiten A5
Bekleidung! Ausdruck der Persönlichkeit – Lukas' Outfit-Knigge [2100], € 19,95; 196 Seiten A5
Nudel-Knigge [2100] Himmlische Teigwaren, € 17,95; 140 Seiten A5
Der Interkulturelle Kompetenz-Knigge [2100] Kultur, Kompetenz, Eindrücke – Gesten, Rituale, Zeitempfinden – Berichte, Tipps, Erlebnisse, € 29,95; 240 Seiten A5
Wertschätzung-Knigge [2100] Gleichberechtigung, Gender und Respekt, Sexuelle Orientierung, Umgang bei Diskriminierung und Mobbing, € 14,95; 152 Seiten A5
Dschungel-Knigge [2100] Umgang in ungewohnter Umgebung, € 23,95; 192 Seiten A5
Der Dicke-Knigge [2100] Aus dem prallen Leben des Dicken, € 15,90; 104 Seiten A5
Typisch Frau – Typisch Mann Knigge [2100] Unterschiede und Gemeinsamkeiten im Umgang mit dem anderen Geschlecht, € 12,95; 128 Seiten A5
Kulinarischer und Gastronomischer Knigge [2100] Von Events, Feiern, Aperitif über Esskultur, Speisen und Getränken zu zeitgemäßen Tischsitten, € 26,50; 284 Seiten A5
Klo- und Pinkel-Knigge [2100] Vom privaten und öffentlichen Bedürfnis - Umgangsformen im Tabu-Bereich, € 13,50; 104 Seiten A5
Omi hüpf' mal Märchen meiner Großmutter, Erlebnisse ihre Jugend und wahre Geschichten meines Vaters von und über Omi Rickchen, Hardcover, € 29,95; 312 Seiten
Der Hunde-Knigge [2100] Umgang mit dem Hund – Hundesprache – Der Hund in der Gesellschaft, € 17,95; 180 Seiten A5
Welcome to Germany-Knigge [2100] Umgangsformen, Verhaltensmuster und gesellschaftliches Miteinander im deutschsprachigen Europa, € 11,99; 108 Seiten A5
Besuch willkommen Knigge [2100] Einladung, Gast, Geschenk, Empfang, Feier, Gastfreundschaft, € 14,95; 200 Seiten A5
Leben, Tod und Ansichten Austausch mit Berühmtheiten über Wichtiges und Unwichtiges im Leben, € 12,95; 116 Seiten A5
Leben, Tod und Überlegungen Austausch mit Berühmtheiten über Größe, Ewigkeit und Spaß im Leben, € 12,95; 116 Seiten A5
Tod, Trauer, Totenkult-Knigge [2100] Sterben, Trost, Takt, Bestatten, Tradition, Vorsorge, Tabus, Vergänglichkeit und Sonderbares, € 17,95; 212 Seiten A5

Leben und Lifestyle

Rhetorik, Soft Skills, Hochschule, Beruf

Rhetorik ist Silber Von den ersten Schritten zu einer perfekten Präsentation, € 17,90; 144 Seiten A5, kartoniert, Zeichnungen
Moderation ist Gold Gesprächsführung, Umfragen, Talkrunden und Manipulation, € 17,90; 144 Seiten A5, kartoniert, Zeichnungen
Lebhafte Körpersprache in Vorträgen, Präsentationen, Gesprächen, € 17,90; 144 Seiten A5, kartoniert, ca. 290 Zeichnungen
Rhetoric – Mastering the Art of Persuasion, € 22,90; 144 Seiten A5, kartoniert
Discussion – Mastering the Skills of Moderation, € 22,90; 144 Seiten A5, kartoniert, Zeichnungen
Body Language in Europe, € 22,90; 144 Seiten A5, kartoniert, ca. 290 Zeichnungen
Körpersprache – Lüge, Verrat, Macht, Im Beruf, vor Gericht, beim Flirt – Gewinnerpose und Demutshaltung – Drohung und Zuneigung; € 29,95; 364 Seiten A5, kartoniert, über 400 Zeichnungen
Das große Buch der Rhetorik [2100] Tacheles reden; Präsentieren; manipulieren und überzeugen; € 37,45; 332 Seiten A5, kartoniert, viele Darstellungen
Trickreiche Rhetorik [2100] Psychologische Gesprächsführung, manipulierende Darstellung, unaufdringliches Nudging, € 37,45: 300 Seiten A5, kartoniert, Zeichnungen
Soft Skills-Knigge [2100] Soziale, Persönlichkeit, Selbstmanagement, € 37,45; 324 Seiten A5, kartoniert, viele Darstellungen
Schlagfertigkeit-, Spontaneität-, Stegreif-Knigge [2100] Impulsiv handeln, verbale Angriffe kontern, Störungen entwaffnen, € 13,50; 104 Seiten A5
Pitch Skills und Überzeugungs-Knigge [2100] Elevator Pitch, Geldgeber beeindrucken, Feuer versprühen; € 13,50; 128 Seiten A5, kartoniert
Smalltalk-Knigge [2100] Vom kleinen Gespräch bis zum charmanten Flirt - Kontakt ausbauen, Sympathie zeigen, Begehrlichkeit wecken, € 13,50; 100 Seiten A5
Quassel-Knigge [2100] Quasseln, Quatschen, Quengeln oder Lebenswichtige Kommunikation – Gezielt eingesetzte Rhetorik – Aussagekräftiges Profil zeigen, € 13,50; 112 Seiten A5
Hochschul-Knigge [2100] Studentischer Umgang in und außerhalb der Hochschule am Beispiel der Cologne Business School, 132 Seiten A5, kartoniert, Fotos
Jugend-Karriere-Knigge [2100] Schule und Studium, Netzwerk und Klüngel, Erfolg und Risiken, € 19,95; 224 Seiten A5, kartoniert, Zeichnungen, Checklisten
Bewerbungs-Knigge [2100] **für Frauen – Tina bewirbt sich / Bewerbungs-Knigge** [2100] **für Männer – Tom bewirbt sich**, Vorbereitung, Wahl der Kleidung, Verhalten beim Bewerbungsgespräch je € 19,70; 128 Seiten A5, kartoniert, Fotos, Checklisten
Kreativitäts-Knigge [2100], Visionärhaft denken, Scheuklappen sprengen, Mentales Risiko eingehen, € 14,95; 164 Seiten A5, kartoniert
Team und Typ-Knigge [2100], Ich und Wir, Typen und Charaktere, Team-Entwicklung,
€ 14,95; 128 Seiten A5, kartoniert, viele Darstellungen
Die flotte Generation Y im 21. Jahrhundert, selbstbewusst – lebensbetonend – flexibel. Wie mit der Generation Y zielorientiert und erfolgreich gearbeitet werden kann,
€ 12,95; 116 Seiten A5, kartoniert, Zeichnungen
Die flotte Generation Z im 21. Jahrhundert, entscheidungsfreudig – effizient – eigenverantwortlich. Wie mit der Generation Z zielorientiert und erfolgreich gearbeitet werden kann, € 12,95; 140 Seiten A5, kartoniert, Zeichnungen

Rhetorik, Soft Skills, Hochschule, Beruf

Englisch:

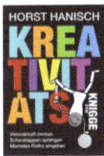 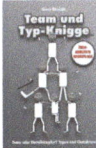 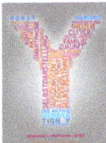 

Beratung, Coaching, Seminar

Wer hat nicht gerne mit Menschen zu tun, die selbstbewusst und selbstsicher mit anderen Menschen umgehen?

Geschäftspartnern, die die elementaren Regeln des ,Benimms' beherrschen, stehen die Türen zum Erfolg offen.

Unternehmen, die neben ihrer fachlichen Leistung auch ,menschlich' überzeugen wollen, bieten wir für ihre Mitarbeiterinnen und Mitarbeiter aktives Training im Umgang mit Kunden, Gästen, Kollegen und Gesprächspartnern an.

Auf unserer Website informieren wir Sie über unsere Angebote:

- Firmen-Internes-Training
→ Business-Etikette und das Lehrmenü
→ Präsentieren, Moderieren, Kommunizieren
→ Körpersprache und ihre Geheimnisse
- Offen ausgeschriebene Seminare
→ Teuflische Rhetorik
→ Flottes Reden vor und zu anderen
→ Der erste Eindruck

→ Ladies Power
- Individuelles Einzelcoaching
→ Authentisches Auftreten
→ Dress for Success
→ Verhandlungstechniken
→ Persönlichkeit
→ Interkulturelles Training
- Freundlichkeits-Checks in Unternehmen
- Workshops

→ Soft Skills
→ Team-Training
→ Intensiv-Training für TV-Auftritte
→ Vorträge
→ Präsentationen
→ Reden
- Fachliteratur und Arbeitsunterlagen
- Vorträge/Speaker
→ Vor kleinem und vor großem Publikum

Individuelles Coaching für Einzelpersonen: Und, wer es ganz individuell mag, greift zurück auf ein Einzel-Coaching. Hier werden ganz persönliche Herausforderungen angegangen, mit Themen wie:

- Interkulturelle Kompetenz
- Selbstsicheres Auftreten
- Präsentations-Techniken
- Erfolgreiche Verhandlungsführung

- Der Erste Eindruck
- Bewerbungstraining
- Rhetorik und Überzeugungskraft

und andere Themen – direkt auf die besonderen Bedürfnisse des Einzelnen zugeschnitten. Besuchen Sie uns auf www.knigge-seminare.de